北海道日本ハムファイターズ監督
栗山英樹

育てる力

栗山英樹『論語と算盤《そろばん》』の教え

構成
小松成美

宝島社

まえがき

本書を手に取ってくださった皆さんは、『論語と算盤《そろばん》』という言葉を聞いたことがあるだろうか。もし聞いたことがないという人でも、「キリンビール（昔の麒麟麦酒）」「帝国ホテル」「みずほ銀行（昔の第一国立銀行）」「日本赤十字社」「富岡製糸場」のような社名、団体名なら聞いたことがあるだろう。

こうした企業や団体、約500の育成に関わり、約600の社会公共事業や教育機関を支援し、「日本資本主義の父」と称され、あの「マネジメントの父」であるピーター・ドラッカーをして「彼の右に出るものをしらない」と言わしめたのが、明治から大正時代に活躍した実業家・渋沢栄一で、その代表作がこの『論語と算盤』である。

『論語と算盤』は、渋沢が後進の実業家を育てるために自分の経営論を語った談話録なのだが、本書で渋沢は、「論語（＝道徳）と算盤（＝経済）」を一致させることが大切で、「誠実な振る舞い」や、「自分の利益でなく、他社の利益を優先して考えること」が安定的かつ持続的な社会の繁栄に繋がる、と繰り返し説いている。

市場経済というのは、弱肉強食で、強いものが勝ち、利益を得るというのが一般的な考え方であろう。しかし渋沢は、自分の利益ばかり考えると共倒れになってしまう、他者の利益を考え、弱き者を庇《かば》ってこそ、世の中は繁栄するのだ、と主張した。

この渋沢の本に出会った時私は、衝撃を受けた。『論語と算盤』には論語の教えと同様に組織論の真髄が書かれていたからだ。私はこれを実践し続けることが選手にもチームにも、果てはこの野球界にも有益になると信じ、実行し続けてきた。

そして私は、『論語と算盤』に書かれている教えを、選手の育成や組織作りにどう役立てているかを言葉にして残したい、と願うようになった。その結実が本書である。

私は野球の監督という、一般の人から見ると特殊な職業に就いている。だから、具体的に日々の現場で私が経験していることの多くは、読者の皆さんの職場では直接的には役に立たないかもしれない。

しかし、人を育て、強い組織を作り上げるための核となる考えは、野球の監督だろうが、ビジネスの世界においてだろうが、まったく同じだと、私は思っている。

本書は4つの章で構成されている。第1章では、『論語と算盤』の教えを「選手を育てる」時にどのように活かして来たのか、大谷翔平や中田翔とのエピソードを中心に「『論語と算盤』とコーチング」について触れた。第2章では、私にとっての『論語と算盤』とはどんな本であるのか、自分の過去の経験やエピソードを踏まえて、いかにこの古典的名著にある教えに影響を受けて来たのかを書いた。そして第3章では、リーダーとして大切なことは『論語と算盤』の中にどう書かれてあるのかを紐解き、また最後の第4章では、強い組織を作るために、『論語と算盤』のどんな教えに倣うべきなのかを記した。

本書「育てる力」が、強い組織を育てる一助になり、広く活躍できる人材を育成することに役立てれば幸いである。

そして何より、100年以上が過ぎても褪《あ》せることのない『論語と算盤』の教えが、一人でも多くの人に広まることを願ってやまないのである。

2018年3月　栗山英樹

目次

第2章 『論語と算盤』とは何か――73

第3章 リーダーが大切にすべきこと――119

※本書で引用している『論語と算盤』の文章は、角川学芸出版より刊行された『論語と算盤』（渋沢栄一・著）を意訳したものです。

インタビュー、執筆、構成
小松成美

編集
宮下雅子［宝島社］／設楽幸生

デザイン
金井久幸［TwoThree］

序章　なぜ『論語と算盤』なのか？

いつも「大きなこと」と「些細なこと」への緻密な心がけを持つ

私は、人生の中で何度か、自分を滅したいと考えたことがある。自分の弱さ、不甲斐なさ、力のなさに絶望し、過去を悔やみ、違う決断ができなかったのか、と自らを責め苛《さいな》み、ただ自分を否定することがあった。人間の可能性を信じ、胸に希望という光を失わず生きることを求めている。そうした自分も確かにいる。けれど、暗黒の闇に身を投げ、存在を消し、それをもって許しを請いたい、とうなだれる心も否定することができない。

プロ野球の監督という私の仕事において〝弱き者〟は戦いのスタートラインにすら立つことができない。〝敗者〟は、チームを牽引する資質がないことの証明でしかない。

責任を背負うことから逃げるつもりはない。だが、チームが負け続ければ、私個人の責任などちっぽけで何の意味も持たない。選手やスタッフ、その家族、渾身でゲームを見守るファン、ともにある地域の人々までを傷付け、地に落とすことになる。

2013年、北海道日本ハムファイターズの監督になって2年目のシーズンを終えた時、それがその〝何度か〟の時であった。64勝78敗2分け、勝率4割5分1厘。球団が北海道に本拠地を移して10年目という記念すべき年の最下位に、私はうろたえた。そして、責任をどう取るのかと考えていた。

人間は弱い。監督就任1年目で優勝し、勝つことの喜びと、そこから前進する意欲に満ちあふれた私は、2年目、壁にぶつかって心が後ろ向きになり、途方に暮れていた。

「監督初年度はすべてが結実し、運にも助けられ優勝した。だが、毎年都合良く事《こと》が運ぶわけがない。今年は苦難を経験して成長する時期なのだ」

開幕からのスタートダッシュに失敗し、5月には9連敗を喫し、借金が膨らみ続ける中で、シーズン中盤から後半に入っても事態は好転しなかった。やがて、最下位が確定し、すべてのゲームが終わってオフを迎えると、私は怖ろしさで眠れぬ夜を過ごすことになる。

最下位の屈辱に耐えられなかったのではない。初のホームラン王をデッドボールの骨折で棒に振った中田翔の不運を悲嘆していたわけでも、高校生ルーキーとしてデビューした大谷翔平を期待通り活躍させられなかったことを痛哭《つうこく》しているわけでもなかった。命を賭して戦うなどとゲームに臨みながら、私はもっと本当にやれることがあったのではないかと思い続けていた。

監督は、大河の一滴ほどの思いであっても、負けることを絶対に肯定してはならないものだ。決してたじろがず、歯車が嚙み合わない現状にも耐え忍び、抗《あらが》って、1ミリでも後ろに引いてはならなかった。覚悟を決め、でき得る手立てを尽くさなければならなかった。

自分は過信などしていないと思いながら、私は心のどこかで、負けることを仕方ない、成長の過程なのだ、などと考えていた。そんな自分に辟易《へきえき》しながら、私は監督という仕事に就くべきではなかったのだ、と後悔し、その思いに拘泥《こうでい》することになる。

次のシーズンに向け動き出さなければならないその時期、私は自身に決定的な事実を突き付けていた。栗山英樹という人間に、プロ野球の監督が本当に務まるのかと問い続けた。

暗い陰だけが感情を支配し、私は途方に暮れた。そして、考えた。心が折れるような弱い自分がなぜ監督になったのか。自己との対峙の時間は途方もなく続いた。立ち上がる力を失うほどの喪失感を抱えた私は、最下位から浮上できず選手とファンを失望させた自分を責めた。そしてようやく本気で考えた。私には何が足りなかったのか、と。

それを突きとめるため、過去に読んできた本を手に取り、過去に思いを綴ったノートを開いた。東洋思想の古典、『韓非子《かんぴし》』『孫子』『菜根譚』『貞観政要《じょうがんせいよう》』などから抜き出した言葉は、力強く、そこには普遍の教えがある。

ノートのあちこちに文字を囲んだ赤いサインペンが踊っている。目で追うとその多くは、「日本資本主義の父」と呼ばれる渋沢栄一の書『論語と算盤』から書き写した文章だった。

渋沢栄一訓言集の中にこうした言葉がある。

「良くことを通じて、勤勉であっても、目的通りにことの運ばぬ場合がある。これはその機のいまだ熟せず、その時のいまだ至らぬのであるから、ますます勇気を鼓して忍耐しなければならない」

何度も読んでいた言葉が、まったく違う意味を持って私の胸を射貫《いぬ》いた。目的通りにことが運ばない場合は、未だに機が熟さず、時を迎えていないと腹を括る。そこには、勇気を鼓しての忍耐が必要となる。私に足りなかったのは、腹を括る覚悟と忍耐なのか。

書斎から取り出した『論語と算盤』を読み耽《ふけ》った私は、人間の真理、本質は変わることも古びることもないと確信する。大河ドラマさながらの激動の人生の折々に体験し考えたことが、分かりやすい言葉で記されているのは、その大半が彼の講演録であったからだ。

1840（天保11年）から1931年（昭和6年）の生涯を送った渋沢は、現在の埼玉県深谷市の豪農の長男に産まれ、その跡取りとなるはずだった。しかし、時は幕末。ペリー艦隊の来航、日米和親条約の締結、尊皇攘夷論の勃興、桜田門外の変と、日本に押し寄せてきた維新の大きな波は、彼の人生を一変させるのだった。

勉強に魅せられ諸国の歴史・哲学に精通した若き天才は、尊皇攘夷を掲げて帯刀すると、やがて仕官し徳川慶喜の家臣となる。この時にはパリ万博の随行員として渡欧し、一年をパリで過ごすのだ。この時、栄一が〝資本主義〟を目の当たりにしたことが、後の日本を変えていくのである。

帰国した渋沢は明治新政府から請われ、幕臣から転じて大蔵省の官僚となり、資本主義社会の礎を築くために奔走。やがて民間に転じると、約500社の企業の設立・発展に貢献する。

経済の真髄、ビジネスの指南書と呼ばれている『論語と算盤』を私はページが捲《めく》り上がるまで読んだ。そこには、不安や迷いこそが勇気を生み、挫折こそが人の力を育み、敗北という手痛い経験こそが叡智を授け、決して曲がらぬ志こそが勝利をもたらす、と綴られていた。繰り返し、渋沢が経験してきたいくつもの情景を描きながら。

その一行一行を胸に刻みながら、「本当に監督ができるのか?」と疑問を持った。そしてその弱い自分を私は封印した。『論語と算盤』にある渋沢栄一の数々の言葉は、私に目指す場所を教えている。

私の仕事は、勝利を目指すこと。そのためのチームを築き、そこで躍動する選手たちを育てること。今もこうして『論語と算盤』を持ち歩くのは、最下位のどん底から救ってくれたからではない。日々、新たな気付きを与えてくれるからだ。

才能ある選手を、ひたすら育むという使命を、私にもできると教えてくれた日本経済の巨人の言葉。渋沢栄一との対話は、私の日課になっている。

天命を引き受ける覚悟

選手としては三流で、コーチの経験もない私が監督になったのは、ある人の言葉に突き動かされたからだった。ある人とは、北海道日本ハムファイターズGM（ゼネラル・マネジャー）の吉村浩。彼に請われ、私は２０１１年シーズンのオフに北海道日本ハムファイターズの監督に就任した。

吉村ＧＭからの監督要請に、当初私は沈黙した。経験のない自分には無理だ、そうとしか思えなかった。監督が経験に基づく仕事であることを取材者として見ていたし、特別な才気が必要であることを、名将たちに触れる度に胸に刻んでもいた。言葉を発しない私に吉村ＧＭは、私にこんな言葉を掛けた。それは想像を超えたものだった。

「栗山さん、命がけで野球を愛し、やってくれれば、それでいいんです」

胸板が上下するほどに鼓動が激しくなり、私が彼の顔を見ると、次のように続けた。

「本当に野球を愛していますよね？　だったら、どうか監督を命がけでやってください」

思いがけず、この言葉に私は頷いていた。静かに頷きながら胸の内で叫んでいた。野球を愛している。野球を愛することがファイターズ監督の第一義であるなら、私にはその資格があるのかもしれない。

吉村GMもまた野球を愛する人だ。叡智と決断力を持ち、チームを率いるため自らの正義に則り鮮やかに仕事をしていた。私が仰ぎ見るほどのリーダーシップを持っていたその彼が、天命と呼ぶに相応《ふさわ》しい監督という仕事を、私にもたらそうとしている。

彼は、「成功か失敗か」という結末を二の次にし、私の可能性を感じてくれていた。

私は、その思いに突き動かされ、監督就任を受け入れたのだった。

29歳で現役を引退後、もう二度とユニフォームを着ることはないと思っていた自分に訪れた運命の転機に直面し、こう考えた。世の中には自分の人生を捨て、人のためにだけ尽くす仕事がある。それが「監督」だ。自分を殺し、生きていくことができるのか。そう自分に問うと、私にとって最後の監督であった野村克也さんの言葉がふと思い起こされた。

「覚悟に勝る決断なし」

私が現役最後の年、ヤクルトスワローズの監督に就任した野村さんは、日々、結果をすべて受け止める心構えで迷いなく勝負に臨めと、選手に「覚悟」を説いた。プロであったという事実以外に何の実績も戦績もなく29歳でユニフォームを脱いだ自分には、野村監督が言う覚悟があったのか。振り返ってみても、「そうだ」と言い切る自信がなかった。

1984年にドラフト外のテスト選手としてヤクルトスワローズに入団した私は、チームメイトの特異な身体性と激烈かつ高雅とも呼ぶべきプレーに震撼し、身の置き場を失っていった。自分がプロのレベルにないと思い知らされると同時に体が悲鳴を上げた。2年目のシーズンが始まって間もなく、激しい目眩《めまい》に襲われ緊急入院することになる。原因不明の難病メニエール病を発症し、緊急入院。球場と病院を往復することが日常になった。ベッドの上から動けない自分が情けなく、涙が込み上げた。それでもプロ野球選手を諦めることができなかった私は、体調が戻らないうちに復帰し、一縷《いちる》の望みを掛けてスイッチヒッターを目指し特訓を始めた。

コーチだった若松勉さんに頼み込み、地を這うような練習を重ね、なんとかレギュラーを獲得する。メニエール病と闘いながらプレーしていた自分は心身の力をすべて使い尽くし、バッターボックスに立っていた。

だが、それも自己満足に過ぎなかった。ドラマのような結末は待っていない。襲い来る目眩と、猛練習の代償として負う怪我に翻弄される日々を送る私に無言で引導を渡したのは、私自身だった。

ヤクルトのチーム構想に、私のような選手は必要なかった。

私は引退を決めユニフォームを脱いだ。唯一の栄誉と言うべき1989年ゴールデングラブ賞だけが忘れ得ぬ思い出になった。

試練を救ってくれた、座右の書の教え

それでも、少年の頃から焦がれたプロ野球から離れることはできなかった。引退翌年の1991年からは野球解説者・スポーツジャーナリストとしてスタジアムに足を運び、選手たちの一挙手一投足に目を見張った。

野球が好きだ。野球を愛している。現場に行く度にそう思い、心が躍った。

野球への親愛の情が高じて自前の球場まで作ってしまった。2002年、天然芝の野球場と練習場などを兼ね備えた『栗の樹ファーム』を北海道夕張郡栗山町に完成させると、自宅もその町に移した。東京育ちの自分が北海道に住むことになるとは露ほどにも思っていなかったが、移住を拒む者も条件も、私にはなかった。

不屈のメジャーリーガー、ノーラン・ライアンに憧れ、また、〝シューレス・ジョー〟・ジャクソンと亡き父が現れて野球をするW・P・キンセラ原作の映画『フィールド・オブ・ドリームス』に心を動かされ、球場を作ってしまった自分は、いつまでもキャッチボールに明け暮れる野球少年のままなのだと笑ってしまう。小さな自分の小さな球場は、小さな夢の結実にさえ思え、幸福に包まれた。

半世紀を生きた自分は、人生を畳む時期を迎えていると自覚し、私の父の夢でもあった教育者として大学で教鞭を執る生活にも満足していた。安穏と一人過ごす私に、吉村ＧＭからもたらされた監督就任の要請。それは、嵐の中に小舟で漕ぎ出すようなもので人生最大の試練になるかもしれなかった。けれど、戸惑っていたのは短い時間だった。引退から22年の時を経た私は、吉村ＧＭの言葉を糧に、現役時代の緊張感と挑戦者としての魂を取り戻していたのである。

２０１１年11月９日、大社啓二オーナー（当時）と札幌のホテルで監督就任に臨んだその席で「怖さしかない」と言ったのは本音だった。再びグラウンドに立てた喜びはあったが、それを上回る張り詰めた気持ちが体の中で渦巻いていた。

私はこの時期、生まれて初めて自分の人生を俯瞰《ふかん》することができたような気がしている。個人の利害や名声になど興味がなく、野球とチームと選手のことだけを考えて生きていけるのだ。リーグ優勝を目指し日本一になることが目的であることに間違いはないが、私は目前の選手の小さな動き、その表情にも丁寧に目を向け、彼らの成長を請け負う仕事だからこそ大きな喜びを感じられた。

この視野と思考は、苦しく切羽詰まっていた現役時代には叶わぬことだった。

ダルビッシュ有という大エースをメジャーへ放出したファイターズは、その穴を埋めるために結束していた。私は、ただひたすらゲームを思い、必死に生きていた。

一瞬の判断に迷った時に、選手に的確な言葉を掛けられなかった時に、そしてゲームに負けた時に、私は自分の力のなさに打ちのめされ、ユニフォームを脱ぎながら肩を落とすこともあった。ベンチで采配を振るう自分の不安が選手を不安にさせ、プレーを変えさせてしまったのではないか。勝負の分かれ目で勝機を逃したのではないか。

球場で虚勢を張り声を張り上げていたこともある。それを知ってか、コーチ陣もスタッフも選手たちさえも全力を尽くしてくれた。

優勝監督になったあのシーズン、そして、球界の宝であった大谷翔平をドラフト1位に指名した2012年のシーズンオフ。その大谷を有して連覇を目指しながら、どん底に沈んだ2013年。めまぐるしく移りゆく季節の中で、私は変わらぬ姿勢で人の道を説き、生き方を教える言葉の主、渋沢栄一に出会った。

野球に育てられ、私は監督になった。苦しみもがく中で渋沢の『論語と算盤』を手にした私は、そこに込められた幾多の教えを伝え、試練から逃げることなく最後まで自分を信じられる選手を育てるのだと誓っている。

第1章　部下をどうコーチングするか

Kuriyama's Memo

01

大谷を育てたのではない、むしろ私が、育てられたのだ

志を立てることは、生きる上で大切な出発点なので、皆これを簡単に考えてはいけないのだ。志を立てる上で大切なのは、自分自身を良く知り、自分という立場をわきまえ、それに応じた相応しい方法を決める以外にはないのだ。

２０１８年、大谷翔平は北海道日本ハムファイターズからＭＬＢ（Major League Baseball）へ旅立ち、アメリカンリーグ、ロサンゼルス・エンゼルスの一員となった。多くの人から、「ここまで育て上げた大谷をメジャーに手放す気持ちは？」と問われたが、私は答える言葉を持たない。第一、私が翔平を育てたのではない。彼は、自分の道を自分のペースで歩み成長を遂げた。どこへ行っても、どんな球団に所属しても、ファンは今ある翔平を観ることができただろう。

むしろ、育てられたのは私である。花巻東高校から２０１２年ドラフト１位で入団すると、１年目から１軍に籍を置いた彼は、２０１５年には最多勝タイトル（15勝）を手にし、16年には投手としては10勝４敗、防御率１・８６、打者としては打率３割２分２厘、22本塁打、67打点という活躍を見せた。それこそが、チームの10年振り日本一の原動力だった。

私を１６５㎞／ｈという最速投球の目撃者にしてくれた若きエースは、入団の年に最下位にあっても決して下を向かなかった。またどんなに大きな雑音があろうが、投手と打者を同時にこなす〝二刀流〟にこだわり続けた。私は二刀流を薦めたのではない。前人未到の挑戦に迷わない選手だから指名し獲得したのだ。唯一無二の翔平との邂逅《かいこう》により、私には得がたい貴重な経験ばかりがもたらされていった。

２０１７年のシーズン終了後に、高校生の頃から抱いていたメジャー移籍の夢を実現させる意思を表明した彼が、鉄の意志を持ちMLBへ向かうことを私は知っていた。キャンプから開幕、そして最終試合までの間に6回ほど「シーズン後、メジャーへ行くのか」と声も掛けていた。

メジャー行きを阻止したいわけでも、後1年ファイターズに残って欲しいと頼むためでもない。翔平の去就によって起こりうる、すべての事態に対応するための準備が必要だったからだ。私がいつも同じ質問をする時の、翔平の表情が忘れられない。

「そのつもりでいます」

そう言って頷く彼の姿勢や声の調子、私に向ける眼差《まなざ》しは一度もぶれることがなかった。彼ほど、自分の身の丈を正確に把握し、それに相応《ふさわ》しい決断を下せる選手はいない。

翔平は小学生の時から微塵《みじん》もぶれてはいなかった。それを知ったのは、小学校時代のノートを見た時だった。ご両親が大切に取ってあったノートには、大きく几帳面な字でこう書かれていた。「全力で走る、キャッチボールをする、元気に声を出す」と。

少年野球のこんな常套句を、彼は毎日、記していたのだ。小学生になり野球を始めた時に、彼は全力で走ると決めたのだ。それが野球だと信じたのだ。

その気持ちは高校でも、プロ入団後も続いている。二度とその意志を曲げることはない。今日この瞬間も、翔平は心のノートに、7歳の頃と同じ言葉を書いている。

Kuriyama's Memo

02

「自分らしさ」を持っている人間が、一番強い

人が自分の心を十分に磨き続けることを怠らなければ、日々自分の過ちに気付きそれを直して、良き方向に向かって優れた人間に近付くのである。

翔平の素晴らしさは、何事も自分で考えることだ。監督やコーチの言葉であっても、自分自身の指針で物事を計り、行動する。コーチが「大谷はミーティングに来なくてもいい」と言っても、参加したほうが良いと思えばそこにいる。たぐいまれな体躯を持ち、野球の才能に恵まれた者は、往々にして自分は選ばれている、特別なのだ、と考える。ところが翔平にはそれがない。むしろ、臆病なほどコンディションに気を遣い、身体を鍛え、リスクを遠ざけようとする。

例えばナイトゲームの翌朝。翔平は朝10時にトレーニング場にいる。週に1、2度でいいにも関わらず、彼は毎日そこにいるのだ。朝10時にトレーニングを始めるために逆算して就寝時間を決め、起床して身支度を調え、食事をして、ゆっくりと現れる。

夜であってもチームメイトと食事に行き、適度のアルコールを摂ることは禁止事項ではない。仲間と騒いでストレスから逃れることも悪いことではない。活躍すればわがままや驕りは出てくるものだ。許される範囲が広がると勘違いをする者もいる。しかし、翔平はそうしない。朝一番でトレーニング場に颯爽《さっそう》と立ち、気負いなく肉体を感じていることが彼の自分らしさなのだ。

この「自分らしさ」を持っている者は強い。ぶれずに自ら描いたロードマップを進んでいけるからだ。

私の課題は、翔平のような価値観をどう作っていくか、である。自分らしさを持ち、納得いくまで研鑽することは厭わない姿勢。遮二無二に自分を磨くことに取り組む姿を暑苦しいなどと言わず、オレはいけている、かっこいい、と素直に心躍らせて欲しいのである。翔平は「らしさ」を小学校の時に確立していた。18歳で入団した時には、誰の影響も受けない習慣を持っていた。だからこそ、常人には想像し得ない成績や記録を残せた。

だが、活躍して立場ができるということは、逆に責任が広がるということでもある。つまり、「責任」のハードルが上がるということなのだ。では、その状況にどう対処すれば良いのか。ハードルが上がることを楽しむ他にない。

私でも、翔平でも、中田翔でも、斎藤佑樹でも、自分が自分に課すハードルがあり、周囲が求めるハードルがある。そのハードルを高い、苦しいと思ってしまえば、成長は止まる。それどころか、何か理由を付けては、ハードルを下げることに躍起になる。逆に、高いハードルをクリアしていく喜びを全身で謳歌できれば、おのずと限界はなくなる。

その際、何より重要なのはプロとしての自覚だ。プロとしての範疇を逸脱する者がいれば、私はこう言葉を投げ掛ける。「勘違いしないでくれ。これはお遊びじゃない。途轍もない金額を対価として受け取る者として、相応しい行動、相応しいプレーを見せてくれ」と。

コントロールが効かないほどのエネルギーを湛《たた》え、それを持てあましている選手もまた魅力的だ。翔平のように自己をコントロールし、デザインしていける選手ばかりではない。野放図な熱量を振りまき、それを熱きプレーに替えていく選手を私は育てたい。

実は、監督やコーチが〝手を焼く〟選手ほど、ファンの心を摑むものだ。ファンはヒーローにスタンダードを求めない。型にはまらない選手を私も待ち望んでいる。

Kuriyama's Memo

03

押し付けないで、選択肢を提示するのがコーチングだ

武士道の真髄とは、以下の5つを組み合わせたものである。すなわち「正義（世の中で共通の正しさ）」「廉直（心が正直なこと）」「義侠（弱い者を助けること）」「敢為（困難に屈せずやり通すこと）」「礼譲（礼儀正しさ）」の5つである。

初めて翔平に会ったのは、私が「熱闘甲子園」のキャスターをしていた2011年。震災直後の2011年4月に翔平にインタビューする機会を得たのだ。当時、彼は2年生で、初対面の印象は「真っ直ぐ」。天へ一直線に伸びる竹のようで、彼を遮る壁などどこにもないように思えた。

震災で大きな被害に遭った気仙沼向洋高校を追いかけていた私は、その野球部とともに練習試合の相手校である花巻東を訪れ、翔平のピッチングに間近で触れた。度肝を抜かれた。ただ声を失った。スピードがあるだけでなく、長い腕から繰り出されるボールには角度が付いている。

「こんなボールを投げる高校生がいるのか」と、思わず口を突いた。言葉の後には決意のようなものが浮かんでいた。大学へ進学せずに卒業後は迷わずプロへ行くべきだ、と。掛け値なしに、この投手なら1年目から先発をつとめあげることができると、私は確信していた。

その年の夏、花巻東高校は岩手県予選を勝ち上がり甲子園に出場する。現地で取材していた私は、再び翔平が規格外であることを胸に刻むことになる。8月7日の1回戦、対帝京戦に3番ライトで出場すると、第3打席目、無死2、3塁からレフトフェンスに直撃するタイムリーヒットを放った。アルプススタンドが歓声で揺れるほど豪快な当たりだった。

この時、翔平は岩手大会前に肉離れした左太ももが完治しておらず、投手としては先発登板を回避して4回からリリーフで登板したのだが、ついにこの目で〝二刀流〟を見た私は、この選手の行く末を想像し、彼はこれまでの野球の常識をぶち壊す存在になる、と思い身震いしていた。

ゲームには7対8で敗れ、花巻東は初戦で甲子園から姿を消したが、私の脳裏には、背番号1を付けた翔平のバッティングとピッチングが残像となって、決して消えることがなかった。

その翌年、ファイターズの監督になった私は、絶対に大谷翔平が欲しいと思っていた。そして1位指名選手は、大谷翔平しかいない、と考えていた。素晴らしい選手は他にもいたが、大谷翔平を取りにいくことを諦めてしまえば、自分の信念を曲げることになるとさえ思えた。

翔平はドラフト前に、日本球界を経験せずダイレクトでのメジャー行きを公言していたが、私には何の障壁にもならなかった。だが、私の思いは、球界にとっては奇異なものだったのだろう。「メジャー宣言」があり、翔平を指名したのは私たちだけだった。

花巻東高校の佐々木洋監督、ご両親、そして大谷翔平本人に挨拶をし、なぜ指名したかを説明する機会を得た私は、決めていたことが二つある。一つは、ファイターズに来てくれとは言わない、ということ。もう一つは、メジャーに行かないでくれとは言わない、ということ。

私はチーフスカウトの大渕隆とともに、過去の事例や詳細なデータを示し、大谷翔平の夢を叶えるための最良の道筋を示したのだ。

外からは「なぜ指名してメジャー行きを妨害するのか」「なぜ高校生メジャーというチャレンジを邪魔するのだ」という声が聞こえていた。翔平を日本球界に縛りつける者として、私への批判も大きかった。

チーム内にもさざ波が立った。メジャー行きを宣言し、日本の球団とは交渉すらしない、と言う18歳の高校生に日本中の目が注がれているのだ。来るのか、来ないのか、未知の翔平は、選手たちの心をざわつかせ、不安にもさせた。

しかし、すべては心の持ちよう次第だ。渋沢の言葉通り「世の中のことは心の持ちよう一つでどうにでもなる」ものだと私は考えていた。91歳まで生を全うし、己の時間を人のために費やした渋沢栄一のこの楽観に、私は何度助けられたか分からない。

Kuriyama's Memo

04

人の話に耳を傾けられる人が、結果を出す人だ

若者というのは、ひたむきで素直、そして外側までこぼれんばかりにエネルギーが溢れているものだ。だからどんな圧力や暴力にも対抗できるような人格を作り、いつの日か自分を経済的に豊かにすると同時に、自国も強く豊かになるように努力しなければならない。

スポーツジャーナリストとして21年を過ごしていた私は、ドラフトで指名した大谷翔平に向け、実際に見てきたMLBを丁寧に言葉にしていった。「夢を果たすためにはこの道だと信じている」と言って、現実的なステップを事細かに話したのだ。

日本球界でプロとしてスタートを切り、経験を積みながら肉体を作り、アメリカの語学や風土を学び、移籍交渉のスタッフやルートを精査、吟味する。球界の宝にもなり得る翔平の夢への道標を渾身でプレゼンしたのである。飛び道具は一切なかった。

翔平は集中力を持って私の話を聞いていた。彼は、話を聞き入ることができる。それこそが彼のすごさだ。

入団後、何度かだけ翔平に小言を言ったことがあるが、それは聞く態度が僅かでも乱れた時だった。

「いいか、大谷翔平のすごさを忘れてないだろうな。翔平のすごさは、相手が誰であろうと、どんな環境にあろうと、人を遠ざけず話を聞けることだぞ」

そう言うと、彼は座り方を改めて、即座に聞く姿勢になった。

彼が入団して2年目の春、私は渋沢栄一の『論語と算盤』を手渡している。渋沢栄一が残した日本人の原点となる言葉の数々を、聞く力、受け止める力を持つ翔平に吸収して欲しかった。

19歳の青年に、それもプロ野球選手に、『論語と算盤』はそぐわないかもしれない。しかし、監督という立場でも、野球という夢に生きる一人の人間としても、私が心の拠り所としている1冊の本を、チームのエースを目指してボールを投げ込む彼にも読んで欲しかった。いつの日かメジャーへ旅立つためにも、この本にある訓言は必ず役に立つと信念を持っていた。

翔平は花巻東高校野球部の佐々木洋監督の指導で、高校1年から目標達成シートを記入していたそうだ。高校3年生の時に岩手県大会で球速160㎞／hを記録しているが、彼はこのシートに具体的な目標として「スピード160㎞／h」と記している。

その翔平に、『論語と算盤』を手渡すと、彼は目標チャートに「『論語と算盤』を読む」と書き込んだ。後にスタッフからそれを聞いた私は、「届いた」と思い、それこそが翔平らしさだなと思った。

何が翔平に届いたのか。彼がチャートに書いたということは、私の思いを察知したことに他ならない。私の思いとは、野球選手としての進化を望むだけでなく、人としてどう生きるのか、どう振る舞うのか、を考え時間を過ごして欲しい、というものだ。

渋沢が『論語と算盤』で伝えている「自分を知る」「どんなことも、誠実さを基準にする」「思いやりを大切にする」「公のために尽くす」といった精神性を、その心の機微を、私は選手に伝えたい。いや、未来を切り開くべきすべての若者に伝えたい。

心にある矛盾を無視することなく、見つめ、葛藤し、時には格闘して、自らの天命を知る。そのためには、先人の、また仲間の声に耳を傾けることが必要なのである。だからこそ私は『論語と算盤』を選手に手渡す。そこには、東洋の叡智とリスク・マネジメントの真実、生きることの喜憂といった教えが詰まっている。

Kuriyama's Memo

05

一流は、金銭感覚も一流である

個人が豊かになるということは、つまり国が豊かになるということだ。個人が豊かになりたいと思わないで、なんで国が豊かになることができるのか？　国が豊かになり、自分も豊かになりたいと思うからこそ、人は一生懸命勉強したり働くのだ。

野球選手の真価は金銭で語られる。契約金や年俸はその選手の価値であり、価値ある選手は対価に対して物を言う権利もある。日常の生活からは懸け離れた金額を手にすることが、プロスポーツの醍醐味である。豊かになるための努力こそが、選手の原動力でもある。だが、金銭の値がそのまま人間の価値を決めるわけではない。巨額の報酬を手にしたアスリートでも経済の実情を知らなければ、進むべき道を見誤るし、才能があっても、社会人がプロスポーツ選手のような年俸を手にすることはできない。この不公平感は、資本主義社会につきまとうものだ。若いプロ野球選手に、この金銭感覚を伝えることは難しい。翔平はこのセンスも抜群だった。入団の時も契約の時も、彼から金銭の話が出たことは一度もなかった。

エンゼルスへの移籍でも、彼は金銭を最優先にしなかった。エンゼルスより高額な移籍金を提示しながら、交渉枠から外れてしまったニューヨーク・ヤンキースのブライアン・キャッシュマンGMは、「カネはいらないがメジャーでプレーしたいと言った選手は初めてだ。こんな選手が出てくるとは思いもしなかった」とコメントしたことをニュースで聞き、アメリカでも大谷翔平流が炸裂しているな、と笑ってしまった。金銭を求めることがプロスポーツの醍醐味であり、金額が選手たちのジェット燃料になるのは当然のことだ。

渋沢栄一も繰り返し、「富は卑しいものではない」「完璧な富を築こう」と、利潤と道徳が調和することを伝えている。『論語と算盤』の中に書かれている実業と経済への観念は、日本人の美徳であると、私は思うのだ。

渋沢栄一という人物を示すエピソードに、三菱財閥の創始者・岩崎弥太郎との屋形船会合事件がある。

明治11年（1878年）、岩崎弥太郎から招待を受けた渋沢栄一は、向島の料亭で向き合っていた。そこで弥太郎が栄一に切り出してきたのは、言うなれば「強者連合の誘い」だったという。君と僕とがともに事業を経営すれば、日本の実業界を思うように動かすことができる。これからは2人で大いにやろうと栄一を誘ったのだ。

2人して巨大な富を独占しようという弥太郎の壮大な計画に、栄一は烈火のごとく怒る。彼の目的は国全体が豊かになることであるから、弥太郎が目論む独占事業は、欲にくらんだ利己主義だ、と言い放つ。

この痛快な顚末を思い返す度に、自分を省みる。そしてチームの選手たちを思う。現実の社会で誠実に生きることと、適正な金銭の感覚を持つことは対でなければならない。そのことを若い選手にこそ知って欲しい。

国を富ませ、人々を幸福にする目的のみに心を砕き、だからこそ実業の世界に生きた渋沢栄一のような清廉な価値基準が、これからの時代には不可欠になる。

Kuriyama's Memo

06

上から押さえ付けても、人は成長しないものだ

物事に対して「こうしたほうがいい」「こうしないほうがいい」というような正しいこと、正しくないことを明確に判断できる人間は、すぐに常識的な判断を下すことができるけれど、場合によってはそれができない時もある。

幕末に青春時代を過ごした渋沢栄一は、むさぼるように孔子の『論語』を読んだという。『論語と算盤』の中には、渋沢栄一が終生論語に心を寄せる場面が登場する。

西洋哲学やキリスト教的な教義が日本に流れ込んできた時代にも、栄一の心は論語から離れることはなかった。論語という基盤・指針があるから迷わず歩んでいける。

何を信じ、どう実践するか。栄一の一途な生き方を知れば知るほど、道徳心がどれほど人生に大きな影響を与えるか考えさせられる。そんな栄一は、こうも言う。「人生の基盤・指針は人それぞれで、自分の価値観を他者に押し付けることはできない」と。

プロ野球選手の中には、髪を金髪にしたり、髭を伸ばしたり、試合中にガムを噛んでいたりする者がいる。規律が足りないと言われることもあるし、プロ選手なのだから個性があって良い、と言われることもある。

ファイターズの選手の格好や話し方、その行いについて、意見が寄せられることがある。だらしがなく礼儀がなっていないのは、監督のせいだと指摘されることもある。

昭和の時代に育った私は、規律＝身だしなみ、という気持ちもあり、若い選手の格好や発言のすべてを容認することができない。髪を切れ、金髪を黒髪に戻せ、ガムを噛むな、どんな相手にも礼節を持て、といちいち小言を言いたい気持ちにもなる。

しかし、私はその言葉のほとんどを発しない。もちろん、社会やチーム内のルール違反が明白なら例外なく断ずるが、それ以外のことは、本人に任せるようにする。人の考えにだけ従い、自分で決められない安っぽい人間になって欲しくないからだ。

私は〝注意〟の代わりにこう告げる。「自分の姿や立ち居振る舞いが、野球ファンの子どもたちにどういう影響を与えるのか、考えて欲しい。子どもは好きな選手の口ぶりや態度や外見の真似をする。自分の真似をした子どもを目の前にした時、恥ずべき気持ちがほんの僅かでも沸くかもしれないと考えるのなら、どうか自分のことを省みて欲しい」と。

相手に反応し、感情を露わにする選手には、「自分の感情を押し殺す一つの答えは礼儀である」と伝えている。では、なぜ礼儀が必要なのか。

礼があったら、どんなに怒っても、暴力を排除するはずだからだ。昂ぶった感情は抑えが効かなくなり、目の前の相手や、時には自分への粗暴な行為にまでエスカレートする。プロ野球選手であれば、そして公人であれば回避しなければならない愚かな行為だ。

選手たちに、「いつかは君たちも家族を持ち、家族という組織のトップに立つ。その時に必要な道徳心だけは持っていて欲しい」と繰り返す私は、押さえつけ、型にはめることが好きではない。個々が考え、それぞれにとって正しい道を歩むことを願っている。

問い掛け、ともに考え、思いが実行されることを見守る。グラウンドを離れていても、私の心は選手から離れない。それが監督の仕事だと思っている。

Kuriyama's Memo

07

ルールとは、良い習慣を身に付けるためのものだ

いかなる人も、日頃から良い習慣を続けることに気を付けることは、人としてこの世で生きていく上で、大切なことであろう。

『論語と算盤』を読み込むことで、私は、憤慨や怒りといった感情をぬぐい去る可能性を見出すことができた。

自分と違う習慣や価値観に驚き、違和感を覚えることはむしろ当然のことで、解決策はシンプルだ。それを埋めるためにはどうすればいいかを考えれば良い。

ある事柄を「良い」「楽しい」と感じる人と、「悪い」「不快」と思う人がいる。歩みよれる関係なら合議を重ねることも手立てだが、それができるのは信頼できるコミュニティにおける場合だけだ。習慣や考え方が違い、相容れないのなら、争いごとや誤解を避けるために線を引けば良い。

「大谷ルール」は、私が引いた線である。「大谷ルール」とは、外出完全許可制のこと。入団した後の数年間、翔平は、管理者の許可がなければ寮を一歩も離れることはできなかった。翔平を飲食の席や夜の繁華街でのトラブルに巻き込まないための次善策だが、実はこれは翔平に課したルールではない。翔平を連れ出そうとする〝大人〟を制限するためのルールだった。

大谷翔平という未来あるアスリートを誰もが応援し、その存在を誇らしく思っている。中には、翔平と直接会って、食事をさせたい、第三者に紹介したい、と考える人たちがいる。その人たちの行為が善良な思いによるものでも、その先に何があるか分からない。ほんの少しの危険からも、若い選手を守るために、私は外出完全許可制を発動し、実施した。効果は絶大で、翔平を連れ出そうとする者は、ほとんどいなくなった。

同時に、私は翔平にもこう告げたかった。

「そこにルールがあれば、守れる人と守れない人がいる。ルールは良い習慣を身につけるためのものであり、人間の道徳や誠実さを計る物差しにもなる」

ルールは守るためにある。翔平は自分がやるべきことを知っている。だからこそ、徹底的に、厳密に「大谷ルール」を守っていた。

「大谷ルール」は、エンゼルスに向けて旅立つ直前まで存在した。先輩にも平気でこう言っていた。「食事には行きますが、飲みには行きません」と。また、会食の席に自分より若い選手がいれば、「僕が連れて帰ります」と言って、寮への先導役を果たしていたという。

自分が向かうべき場所を知っている翔平の頑なさが、私は嬉しくて仕方なかった。

若い選手が良い習慣を身につけるには、本人の努力と同様、周囲の理解や見守る目が必要だ。

新たな才能の未来のために、私が「清宮ルール」を行使したことは言うまでもない。

Kuriyama's Memo

08

苦しい時しか、知恵は生まれない

名声を得られるのは、壁にぶつかって日々苦闘している時である。その逆に失敗は調子に乗り得意になっている時に生まれるものだ。

「メジャーへ行きます」

そう言い切った翔平を黙って受け入れた私に、「なぜ大谷を引き留めなかったのか」という声もあった。

チームの勝利のためにも翔平をチームに繋ぎ止める努力をすべきだった、との声が聞こえる度に、私はその通りだと思った。けれど、申し訳ないほどに、翔平を慰留しようという気持ちは微塵もなかった。翔平が決めたことは曲げないのは分かっていたし、もし万が一、色々な理由を付けて彼をチームに留めたとしても、それはもう真の翔平ではなくなってしまうと知っていたからだ。

彼を無理矢理残すことなど、誰にもできはしなかった。

一方、どうしてもチームに残って欲しいと念じた選手がいた。中田翔だ。FA権を持っている翔を鎖で縛りつけるわけにはいかない。それは分かっていたが、それでもファイターズで一緒に戦って欲しいと心の中で叫んだ。

中田翔はFAの権利を行使することができたが、残留した。2017年のオフ、翔から「監督、来シーズンからもお世話になります」と電話が入ると、私は嬉しくて、右手を強く握り拳にして小さく突き上げた。そして、どれだけ気を揉ませれば気がすむんだ、という思いをそのまま言葉にしていた。

「翔、遅い、遅い、遅いよ。外のチームなんてあり得ないだろ。もっと早く決めて連絡しろよ。翔のいないチームなんておれは絶対に考えられないぞ」

翔とまた戦える。その喜びの中心には、悔しさを覆してやる、という燃え盛る気持ちがあった。

2017年のシーズンは、翔にとってこの上なく苦しい時間だったと思う。3月、第4回WBC（World Baseball Classic）の日本代表メンバーに選出され、6試合に出場した翔は、そこで3本塁打8打点の活躍を見せた。準決勝で敗退し帰国した翔を、私は4番・ファーストで起用することに決めていた。

しかし、開幕から2週間すると故障で2軍落ち。以後も不調の波から脱することができぬまま、打率、本塁打、打点ともにレギュラー定着後最低の数字に終わる。

「三冠王を取るぞ」

そう言って4番に据えながら、本来の力を発揮できなかった責任は、采配を振るった私にある。翔と心中する。そう言葉にしながら、不調にあえぐ彼に力を与えてあげることができなかった。そして私は、自分の監督として残された命は、翔復活のためにあるのだと思うようになった。

ファイターズの監督に就任した2012年、私は中田翔を中心とするチーム作りをしようと決めていた。4番・レフトで開幕時にスタメン入りするも、そこから24打席無安打。バッティングフォームの改造に苦心していたこともあり、前半戦は打率1割台と絶不調だった。だが私は彼を使い続けた。中田中心のチーム作りは、新人監督だった私の信念であり、どんな批判も甘んじて受けた。

レギュラーシーズン全試合で4番打者として起用することは翔にも告げていた。翔にとっては大きな重圧だったはずだが、彼は耐え、応えてくれた。後半戦の8月になると調子を上げ、チームリーダーとして誇りを持ってプレーに徹してくれた。先制打、同点打、勝ち越し打、逆転の殊勲安打は30本、勝利打点17はリーグ最多。まさに優勝の立役者だった。

翔は、紛れもない天才だ。人の半分以上、いや5分の1、10分の1だとしても、ヒットやホームランを生み3割を叩き出す能力がある。しかし、その能力が彼を苦しめることになってはいないか、と私は考えている。人の何倍も能力があることの落とし穴は、ふとした瞬間に努力と勤勉を見失うことだ。こんなことに何の意味があるのか、と悩んでしまう。だが、地道な練習を積み重ねることでしか未来への道はない。

渋沢栄一は、困難がもたらす効用を繰り返し説いている。閉塞感と逆風に苛《さいな》まれ、苦しみ抜いて戦った者が名声を得るのだ。翔にはその資格がある。

翔、ファイターズに残ってくれて、一緒に戦うことを選んでくれてありがとう。

Kuriyama's Memo

09

「全力を尽くさない」なんてあり得ない

成功や失敗などの結果は、ただひたむきに努力をした人の身に残る残骸や〝かす〟のようなものである。

プロなのだから自分で考え自分で決めて行動する。覚悟を持ったなら、決して言い訳をしない。その最たる例が翔平の二刀流だ。常に結果を求められるプロの世界ではリスクを避けることが最優先。投げて打つ。そのまったく違うスキルと身体性を要するピッチャーとバッターとしてゲームに挑むなど、心身への負担は計りしれない。

どちらかに絞ればもっと成績も上がるかもしれない。批判を浴びることもない。けれど彼はやめない。二刀流であることにこだわり続けていることが自分だからだ。

私は、「二刀流はチームのためなんだ」と言い続けていた。そこには黙って頷《うなず》く彼の姿があった。

翔平の決意、覚悟には自己満足や他人に示すための自負心など入る余地がない。あの193センチの肉体にあるのは、プロ野球選手として勝利だけを求める進取の気性なのだ。

2016年の日本シリーズで負った右足首の怪我。広島との日本シリーズ第4戦、札幌ドーム。3番指名打者で出場した8回、翔平にとっての第4打席はショートゴロだった。内野ゴロを見やりながら全力で1塁を駆け抜けた翔平は、右足首をひねっていた。8回の全速力は、〝あわよくば内野安打〟を狙ってのことだろう。

初戦は、先発としてマウンドに立ち8番打者として2安打を放った。2戦目は代打で出場し、一つ休んでの4戦目、私は翔平を指名打者にした。このゲームではヒットが出ず、私は翔平の身体に蓄積しているはずの疲労を慮《おもんばか》った。足首の怪我も二刀流でなければ負わなかったのかもしれない。彼の体にかかる負担は、常人の私には想像もできないものだ。アウトになり、ベンチに戻ってきた翔平を見ると、彼は普段とまったく変わらなかった。私は彼の様子を静かに窺ったが、何一つ異変を感じさせる様子はなかった。彼は戦うことだけを望んでいた。

その翔平に私は、翌日本シリーズ第5戦に指名打者として出場することを告げるのである。彼は、その試合の6回に左中間の二塁打を放った。体など関係ない。最後まで心を一つにして戦うんだという翔平の思いは、プレーにのみ表れていた。彼はあのゲームを戦っている間、自分の体のことなど微塵《みじん》も考えていなかったに違いない。

引退を決めた黒田博樹投手をリーダーに据えた広島カープとギリギリの戦いの中でも、仲間を思い心を一つにする選手たちが私は誇らしかった。シーズン最後までゲームを戦える喜びと、緊張と疲労で一瞬でも気を抜けば倒れてしまうほどの心身への負担。それが混ざった状況は、今もって言葉にできない。だが、あの壮絶な局面で真の結束を確信できたことは誇りであり、選手たちに感謝せずにはいられない。

再びマツダスタジアムに戻って戦った第6戦、北海道日本ハムファイターズは広島カープを10対4で下し日本一になった。

Kuriyama's Memo

10

意志を持って部下が決めたことを、上の人間は信じるべきだ

揺れやすい感情を制御するには、その人が持つ強い意志以外には何もないのだ。だから「意」というものは精神の活動において最も中心にある。

大谷翔平が２０１６年10月の日本シリーズで痛めた右足首のリハビリは、２０１７年の開幕時まで続いていた。私は、右足での触塁と無茶な全力疾走を回避せよと伝えたことがあった。一部報道で、私が全力で走るなと翔平に指示したと伝えられていたが、もちろん、そんなことは言っていない。開幕したばかりで、無茶をして走り長期離脱になったら元も子もない。そう言ったのだ。

けれど、持っている力をセーブするなどという言葉は翔平の辞書にはない。翔平は試合で2塁内野安打を放つと全力疾走し、痛めている右足での触塁を厭わなかった。どんな場面であっても、全力で走ることを回避する選択は、翔平にはなかった。なぜなら、誠実にひたすら努力すると志を立てたからだ。

スポーツ選手には怪我や好不調の波が必ずつきまとう。現役生涯のすべてで右肩上がりの選手など、一人もいない。不運やスランプに翻弄されることなく、技術や精神を高め磨いていかねばならない。

不安を顔に浮かべていたり、不運を嘆きうまくいかない理由を探して苦しむ選手もいる。そんな選手には、話を聞き言葉を掛けることが大切だ。不安の一端を引き受け、その荷物を半分にしてやることもできるし、たった一言をきっかけに選手のモチベーションに火をつけることもできる。選手を育て支えるために、言葉より有効な道具はないと思っている。

私は選手と話す場所を、時と場合によって変えている。監督室に呼ぶ者もいれば、大勢人がいる練習場や食堂や寮の一角で話す者もいる。上下関係をことのほか喚起させ、緊張感を募らせて、命令することが理想の監督像ならそうするが、私はそう思っていない。フラットな心で語り掛けることが、物事の確信をストレートに伝える秘訣だと考えている。

私が選手たちに掛けた言葉を、彼らがどう感じているのかは分からない。その先に気付きがあるのか、数時間後に忘れてしまうのか、それを知る由もない。

私がどう思われているのかもたいした問題ではない。好かれていようが、嫌われていようが、そんなことはどっちでもいい。大切なのは、向き合った相手に真摯であり、ごまかさずに伝えるべきことを伝える、ということ。

言葉で、選手たちに戦うため、戦う自分を築くための覚悟を強いることができる。そのために、どんな語彙を用いるのか、どんな例え話が必要なのか、私は考え続けている。

翔平が入団した直後、私は全コーチ、スタッフの前で「大谷翔平の二刀流、やると決めています。よろしくお願いします」と宣言した。チーム内のざわざわとした空気は鎮まり、それからは自分の覚悟を反芻するだけで良かった。

結果は分からない。しかし、決めたことはやる。失敗したらその時には責任を負うだけ。本当に感謝して辞することができる。大好きな選手にどんな瞬間も関わらせてもらった自分は、「栗の樹ファーム」へ喜んで帰る。

だからこそ、選手に伝えるべきことは先伸ばしにできない。この命は、監督である最後の一瞬まで、彼らの可能性のためにあるのだから。

２０１７年4月8日、オリックス戦に指名打者として出場した翔平は、内野ゴロを放ち一塁に走り込んだ際に左太ももの肉離れを起こし退場する。急遽大阪市内の病院で検査をすると、左大腿二頭筋の肉離れという診断を受けた。

翔平が戦線離脱した2カ月間、私は一言も言葉を交わさなかった。2カ月後、ファームで練習を再開した時、私は一言だけ彼に言葉を掛けた。「ごめん、悪かったな」と。私は翔平が入団したその時から、どんな状態であっても怪我をさせるまいと強く思っていた。しかし結果として、それに反した。そのことを一言謝りたかった。彼は私がなぜ謝ったか、意味を掴みかねたかもしれない。小さく首を上下しただけで何も言わなかった。きっと、私の言葉を自分なりに解釈して心の中に入れたのだと思う。

チームを離れ、鎌ヶ谷の2軍施設へ戻っていく大きな背中を見ていた私は、こう考えていた。どのような事態が巡りきても、どんな明日であっても、強い意志を持ち続けよう、そして、野球に出会えたこの人生に感謝しよう、と。

Kuriyama's Memo

11

学び続けていれば、何歳でも成長できることを忘れない

それが若者だろうが年寄りだろうが、どんな人でも、勉強するという気持ちを失ってしまうと、その人は決して進歩したり成長することはできない。

現役を引退した時から、一人前になれなかったというトラウマが私にはあった。失意のまま引退した後は、一人の人間として、一人前の仕事がしたいと強く思った。

スポーツキャスターの職を得た私はどんなことでも恥ずかしがらず、体験して身に付けようと努めた。12球団のキャンプやゲームを足で取材し、MLBでも数々のトップ選手のインタビューを行った。

選手たちがあの一球に何を込めているのか、野球はどうしてここまで人を魅了するのか、ノートを書き懸命に言葉にして、視聴者に伝えようと必死になった。

メディアの仕事をしながら大学で講師になり、准教授となって講義を持ったことや、「栗の樹ファーム」で野球教室や少年野球大会を開催したことなど、すべての経験を自分と他者のために活かすのだ、と躍起になった。プロ野球選手としての不完全燃焼は、むしろ私をとことん能動的にしてくれた。さらに、様々な体験のもっとも大きな恩恵は、自分には何が足りないか、を教えて貰えたことだった。

やがて思いもよらぬ監督就任の後、新参者としてリーグ戦を戦いながら、現役を引退した後の20年の様々な経験が、その時々の回想が、監督になった自分を助けていると感じている。

尊敬する劇作家の倉本聰さんに伝えられた言葉を、私は今も心に留め置いている。倉本さんは、「評論家と現場は対岸を歩いている」と言ったのだ。同じ河を眺めながら、決して交わらぬ対岸にいる評論家と選手。私は選手としては才能がなく、コーチとしての経験もなかったが、だからこそ、その両方を体験し現場に戻ることができた。

スタジアムにある者が、勝利をもぎ取ることの苦しさとその先にある歓喜を知っている。それは何物にも代えがたい経験である。しかし、その中でだけ過ごし辺りを見回していては、視野が狭くなり必ず見落とすことがある。

私はそうした時にこそ、取材者であり、大学の講師であり、少年野球のコーチだった自分を引っ張り出し、その自分の声を聞く。そしてこう語気を強めるのだ。

「自分自身に問い掛け、考えろ。そして、今この瞬間も学ぶのだ。学ぶ心を失った瞬間に、進歩の道は閉ざされる」

足りない自分が滑稽で、恥ずかしく、だから学び続けている。分からないことを知る喜びがあるから、続けているだけだ。そのことを選手たちに知って欲しい。苦しむことには意味があり、その先には思いもよらぬ邂逅や鮮やかな体験、二度とない感激が待っている。

Kuriyama's Memo

12

絶対的な危機は、時にチャンスとなる

とにかく人間は、誠実に努力することに精を出して、自分の運命を切り開くことが大切だ。しかし、もしそれで失敗したら、自分の知的な能力が足りなかったと諦めることだ。逆にもし成功したら知恵が活かされたと思い、成功や失敗にかかわらず天命に身を委ねればいい。こうやって失敗しても勉強を続けていれば、いつかいいチャンスに出会える時がくる。

人生には、どう考えても人智の及ばない領域がある。2016年日本シリーズで広島カープに勝利し日本一になったこともその一つだが、そこに辿り着く前のパ・リーグでの戦いは、観衆から見れば奇跡と呼ぶに相応しいものだったかもしれない。しかし、当時の私は当然のことが起きていると信じて、進み続けていた。

2016年、序盤戦を終えたファイターズは首位をひた走るソフトバンクホークスをただ仰ぎ見ていた。7月1日、ファイターズは7連勝して首位のソフトバンクホークスとの3連戦を迎えていた。ソフトバンクとの差は9・5ゲーム。最大11・5ゲーム引き離されていたファイターズは、本来なら追いすがる対象外のチームだ。

けれども、諦めたら終わりだと自分に言い聞かせ、「ここまでのピンチがあるからこそ起死回生がある」と信じ込み、私は一人で大逆転のシナリオを書き始めたのである。

勢いは凄《すさ》まじい。どう追いすがり、攻略すればいいのか。私は夜半になっても目が冴えていることを良いことに、朝までそう考えて過ごしていた。

眠れぬ数々の夜に、私が喉の奥で繰り返していた言葉はこれだった。

「絶対的な危機をチャンスに変える」

そのターニングポイントが、7月、大谷翔平の「1番・投手」だった。なぜ、そうしたかは簡単だった。翔平にはゲームを掌握する力がある。敵地での3連戦の最後、もし翔平が打って投げて勝利すれば、流れが変わる予感が私にはあった。

2連勝して、ゲーム差を7・5ゲームまで縮めて迎えた第3戦。私は翔平に、事も無げに先発ピッチャーと1番バッターを先発表で言い渡すことになった。

先発表は雄弁な選手へのメッセージだ。誰も思いつかないようなオーダーを組めば、選手たちは、「何だこれは？」と考え、時に「こんな無茶なことをやってくるってことは、監督は何が何でも勝ちに行くつもりなんだな」と思う。ヤフオクドームは、ロッカーから食堂を通ってグラウンドに抜ける構造なのだが、その途中の椅子の上に先発表を置いた。「一番ピッチャー大谷」とあるのをみんなが見る。「なるほど！」という反応、と「マジか⁉」という反応、「監督、冗談きついぜ」「やるか、これを！」という反応まで、選手は色々な反応をし、騒いだと聞いている。

翔平はまたも動じない。何も言わず1回表の第1打席に立ち、そして初球のスライダーをライトスタンドに運び先制ホームランを放った。私は大歓声を聞きながら、胸の前で腕を組み、このゲームは翔平が掌握したと確信した。

1回裏、マウンドに立った翔平は、勇猛なソフトバンクのバッターたちを圧倒していく。4回まで毎回走者を出すものの、5回以降はヒットを許さず、8回まで無失点。最速16１km／hの速球と140km／h台のフォークボールで10個の三振の山を築いた。このまま優勝に突き進むかに見えたソフトバンクに3連勝すると、首位とのゲーム差が6・5までに縮まった。私にとっては初の10連勝というおまけ付きだった。

巨大な歯車が動き出し、到底人の手では動かせない堰が開いて水がごうごうと音を立てていく光景が、私には見えた。私一人の想像だった大逆転優勝の可能性を、選手が一人また一人、と紡ぎ出したのである。皆の表情が輝き出し、これはいけるかもしれない、という空気がチームに満ちていった。一人で歩いていると思っていた優勝への道を、振り向くと皆が一列に連なって私の後に続いていた。

個々の思いが鎖のように連なっていくと、奇跡や幸運と思えたものが現実となり、自らが生み出せるものへと変わっていく。絶対にあり得ない大逆転優勝も、言葉と戦術をもってすれば、目指すべき目的に変化していく。

リーダーは、時には選手を鼓舞し、この人に付いていけば何かが起こると思わせなければならない。適材適所で活躍させ、また意表を突いた大抜擢で局面を切り抜ける。

監督という仕事ほどダイナミズムを味わえるものはない、と思えるのは、選手たちが一つのプレー、一つのゲームで途方もない成長を遂げるからだ。私が育てるのではない、私こそ育てられているのだ、という事実は、劇的な展開の演出が、常に私ではなく、選手たちにあることからも分かるだろう。

Kuriyama's Memo

13

囲い込まずに、大局観で手放すことも大切だ

人が活動するステージは、自由な場所であるべきだ。もし渋沢の近くにいると、その舞台が狭くなる、というのであれば、すぐ私の元から去り、自由に大海原に乗り出して、思う存分その人の能力が開花できる場所で働いている姿を見せてくれることを、私は心から望んでいるのだ。

どんな優秀な選手にも、スーパースターにも、ピンチは訪れる。大谷翔平であっても、そうした場面を幾度もくぐり抜けてきた。中でも記憶に残っているのは2016年9月28日、西武プリンスドームでの西武戦だ。

翔平は、この試合では打席に立たず、投手に専念していた。5回1死まで一人も走者を許さず、9回を被安打1、15奪三振の快投を見せた。4回に奪ったわずか1点を守り切り、1対0で勝利して胴上げ投手となったのである。

チームを4年振り7度目のリーグ優勝に導いた翔平は10勝をあげ、3年連続2桁勝利を到達する。そして、二刀流の成功を意味する「10勝、20本塁打、100安打」(10勝、22本塁打、104安打)を達成したのである。

天王山とも言うべきこのゲームの陰で、翔平の指の皮が剥け、途中交代するか否かの状態にあったことを知る者は少ない。

右手中指のマメがつぶれ、皮がぺらぺらになっていた。ボールには翔平の血が付いていただろう。応急処置で皮を押さえ、翔平は投げ続けた。シーズン前半にも中指のマメがつぶれ、2カ月ほど先発から遠ざかったことがあった。湿潤療法で皮を再生し、指のマメは沈静化したと思っていたが、投球数と腕の振りの勢いがそれを許さなかった。

私は決めていた。もしその皮が完全に剝け破れてしまったら、彼をマウンドから降ろそうと。打線が鳴りをひそめたゲームで翔平を代えたなら、相手は加勢し、チームは負けるかもしれない。しかし、翔平の指に重傷を負わせるわけにはいかない。

回が増すごとに、指の状態は悪くなっていった。翔平は顔色一つ変えずに投げているが、コーチと私は息を詰めてその指を思っていた。そして、ついに翔平は完投する。指の皮は、ギリギリ中指に残り、肉を切り裂くことはなかった。

大谷翔平の２０１７年、日本ラスト登板の完投も、忘れることができない。

２０１７年10月４日、札幌ドームでの最終戦。オリックスとの一戦で、私は翔平を「４番・ピッチャー」で先発させた。プロ５年目で、初の〝エースで４番〟である。

初回から三者凡退で抑えると４回までパーフェクトピッチングを繰り広げた。最速１６２㎞／hのストレートとスライダーを武器に、オリックス打線を２安打に封じ10個の三振を奪取。打っては４回のセンター前ヒットで先制点の起点となる。八面六臂《はちめんろっぴ》の大活躍とはまさにこのことだった。翔平は、シーズン初めての完封勝利を達成するのである。

だが、舞台裏では翔平の降板を予測して控えのピッチャーをスタンバイさせていた。５回にピッチャーゴロを受けて、その際に両足がつったのだ。聞けば軽度ではなく、もう一度つったらその瞬間には代えなければいけない状況だった。

けれど、この日は札幌ドーム。北海道のファンの前で投げる機会は最後になる可能性もあった。

どうしても彼に最後まで投げさせたかった。私は、監督という仕事を離れ、翔平と寝食をともにした仲間として天に祈った。どうか、最後まで投げさせてやって欲しい、と。かろうじて足のつりは再発せず、翔平は完封投手となってスタンドのファンに手を振った。

彼の活動の地はアメリカへ移った。今、その心は自由自在だろう。雄姿を残してくれたことに感謝するとともに、やはり寂しさは拭い去れない。コーチたちも同じ気持ちだ。

しかし、ドラフト会議を経て、我々は感傷に浸っている暇はなかった。清宮幸太郎の入団が決まったからである。

2017年10月26日のドラフト会議では7球団が競合し、縁あってファイターズが交渉権を獲得した。11月24日に入団会見が行われ、背番号は「21」に決まった。

翔平に続く逸材を預かることになった私の責任は大きい。さらに、私でいいのかという自問は当然起こる。ただ、それが天命なら、臆することなくやり抜くだけだ。

清宮幸太郎が活躍する天地も、自由自在なはずである。野球ファンにとっては、これ以上の楽しみはない。

Kuriyama's Memo

14

もっとも得意とするもので、志を定めることが大切だ

最初の志を立てる時にこそ、もっとも慎重になるべきだ。そのために工夫すべきことは、まず冷静になること、そして自分の長所は何か、短所は何かを細かく比較検討してから、自分が一番得意な部分に目標を定めるのが良いのである。

渋沢栄一の真髄は、与えられた人生を真に心から楽しむことだった。そのために必要な考え方や行動を経験から知り、一人でも多くの人に伝えたいと晩年まで執筆や講演を厭わなかった。

「真の智者には、道中おのずから静あり、真の仁者には、静中おのずから動がある」

『渋沢栄一訓言集』にあるこの言葉に、心が動かされる。賢者は激しく行動しながらも常に思慮深く、労《いたわ》りある心を持つ者は黙していてもその思いを行動に移すのだ。

私は、諦めることがない。勝つことを諦めない。勝利のために必要なものへの執着は尋常でないことも認めている。圧倒的な強さで他チームを屈する選手を有したいと願い、不格好なゲームでいいから勝利を手にしたいと念じている。その中心にいる選手たちが一瞬にして光り輝くことが、監督という任を負った私の喜びだ。

一方、私は、ただボールを握り、ただ目の前のグローブに向けてボールを投げることの楽しさと尊さも知っている。私のように才能のない者すら、二度と離れられないと思うほど、野球というスポーツはその懐が深く、面白い。

私は野球が好きだ。野球を愛することが得意であると言えるかもしれない。そのスポーツにはこの両翼があり、だからこそ人を育てる力があるのだと思う。

しかし、プロ選手として生きるのであれば、その一端に突き進まなければならない。楽しさをかなぐり捨ててチームとファンのために貢献しなければならないのだ。トッププレイヤーには、その重圧が幸福だとも言える。

翔平のプロデビューからの5年間に伴走できたことの幸運は、栄一の「新しき時代には新しき人物を養成して新しき事物を処理せねばならない」という言葉に等しい。時代が迎え入れた人材に出会い、日本一という一大事に当たらせることができた。このことへの感謝が、そのまま次の世代の選手を育てる意欲にも繋がっている。

千葉県の鎌ヶ谷にある、北海道日本ハムファイターズの寮「勇翔寮」でプロ1年目を過ごす清宮幸太郎にも、翔平と同じように、シーズンが終わった頃に『論語と算盤』を渡す用意をしている。

翔平に『論語と算盤』を手渡し、数カ月後に「どうだった？」と聞くと、彼は正直に「んー。難しかったっす！」と言った。これまで読んだことのない明治の人の教え諭す言葉が、すんなりとは腑に落ちるはずがない。

しかしその後、目標達成シートに『論語と算盤』を読むと書き込んだ。監督から手渡された本を端から理解できなかったことが悔しかったのだ。

翔平は「やる」か「やらないか」のどちらかだ。やりたくないことは見向きもしないが、自分でやると決めたら絶対にやる。自分に嘘をつかない。渋沢栄一の教えを読むための動機など、どんなことでも構わない。大谷翔平が『論語と算盤』を持ってＭＬＢへ旅立ったことが、掛け値なしで嬉しい。

次の若い選手のために、翔平がどんな本を読んでいたのか、伝えなければならないと思い、翔平にその写真を撮ってもらおうとしたが、すでに引越しの準備が始まっていた。すると翔平は「自分で撮っておきます」と言い、後にその写真を私に送ってくれた。

机に並べた本には、稲盛和夫氏や中村天風氏のものがあった。私が薦めた本を彼は自分で買って読んでいた。鎌ヶ谷にある翔平のロッカーにも本が置いてある。本を読むことは、すなわち自分を作ることだ。そこにある哲学や経験を自己の行動に反映することができるのだから。それは非常に複雑な作業だが、一瞬の動きや緻密な察知力を養成し、勝敗を左右することにも繋がる。

翔平がエンゼルスのユニフォームを着てマウンドに立ち、目標のためにやり遂げることができると感じるのは、彼が一番好きなこと、得意なことを行っているからだ。

自分の本領へ突き進む彼は、野球のため、野球を愛するすべての人のために尽くしきれる人である。

第2章

『論語と算盤』とは何か

Kuriyama's Memo

15

人として成長するのも、「練習」が必要だ

仕事で成果を出している人の身分や地位を断片的にしか見ない世間の人々は、即座にその人を恵まれた環境で物事がうまく進んでいる境遇だと思うだろう。だが順境でも逆境でもなくてその人が自分でそういう境遇を作り上げたに過ぎないのである。

２０１７年10月26日のプロ野球ドラフト会議で、北海道日本ハムファイターズは早稲田実業高校・清宮幸太郎を獲得した。

ドラフト会議の会場に入った時、私は勝手に信じていた。大谷翔平が空けたステージに躍り出るべきは清宮しかいない、だからこそ彼はファイターズへやって来るのだ、と。

着席すると大渕隆スカウトディレクターは、早実の公式戦用の帽子をバッグから出し机に置いた。翔平の時は、花巻東高校のグラウンドの土をひとつまみいただき、それを机に置いていた。スカウトの責任者である大渕も全身全霊だ。ドラフトで抽選される方へのフォローだけでなく、くじを引く時の願掛けまで、できることはすべてしようと考える。

ペナントレースで勝利するには、日本野球機構が定めたこのドラフトで良い選手を獲得する以外にはない。球団運営に関わるすべての者のためにも、望んだ選手の交渉権を獲得したい。12球団は同じ思いを抱き、あの抽選箱の前に立つ。

木田優夫ゼネラルマネジャー補佐が左手でくじを引き当てた瞬間、感動に包まれながら、私は「きたーっ！」と思った。その瞬間にこの選手を預かる怖さを感じていた。同時にこの才能を預かるのが自分で良いのかとも考えた。

ドラフト後、私と同い年である早実の和泉監督に、「抽選の瞬間、清宮が行きたいチームに引き当ててもらえた、というような表情をしていましたよ」と言ってもらえたのが嬉しかった。超高校級スラッガーの彼を知らない日本人はいない。入団会見ですでに大スターの資質を見せた18歳の清宮に、私はこの先どんな伝え方をしていくのか。翔平と同じ言葉で良いはずがない。彼の個性を尊重し、彼だからこそ使うべき語彙があるはずだ。

日本中の野球ファンが活躍を信じる逸材の能力を100パーセント発揮させるにはどう使ったら良いのか。どうすれば故障せず、縦横無尽な活躍が叶うか。そう考えては、夜を明かす。そして、翔平を迎え入れた頃のノートを読み返す。振り返れば、翔平の入団の時にも同じことで悩み、現場では逡巡できないと、相当なプレッシャーを自分に掛けていた。

私は翔平がプロになって5年間の足跡をもっとも近くで見て、劇的な場面の当事者となり、人生を二度三度と過ごしたかのごとく多くのことを学んだ。そして翔平の次に、日本中が視線を向ける、清宮幸太郎という球界の宝をなんとかしないといけない。重責だが、この役目を単なる重圧とせず、溢れ来る喜び、次世代への伝言に変えたいと思っている。

自分の心を耕し、磨いていくことは容易《たやす》いことではない。野球選手にとって「練習」は必然だが、若き選手たちは人間として成長していくための「練習」も忘れてはならない。

栄一は、『論語と算盤』の中で若い人たちへ、信条、立志、学問、常識、習慣、算盤、実業などを自己の体験から語り掛ける。それが大人の役目だと栄一は信念を持っている。その教えを胸に生きている私もまた、世代の隔絶などと斜に構えず、声を発していきたい。

Kuriyama's Memo

16

異質なものを組み合わせることが大切

「士魂商才」という言葉の意味するところは、この世で自立するためには、武士的な精神が必要であるのは当たり前のことだが、それに偏りすぎて、商人の精神を持ち合わせていないと、自滅を招いてしまうということである。

2018年のシーズン、チームリーダーに、私は中田翔を据えた。キャプテンになり、翔自身もチームも何かが変わるかもしれない。独自の考え方、やり方で彼なりの形を作ってくれることを期待して、私はキャプテンとしての翔に指図や小言を一切言わない。

私がプレーした昭和の時代と明らかに違うのは、アスリートに対する価値観だ。翔は、ファンにもっとも人気のある選手だ。平成元年生まれの彼のスタイルはスタジアムの外でも人を惹き付ける。自分なりのファッションを曲げない彼が、野球になれば泥だらけになってスライディングすることも厭わない。そのギャップが翔らしい。翔は、新時代の日本プロ野球選手のスタイルを作る一人だと信じている。

『論語と算盤』の中で、渋沢栄一が菅原道真の「和魂漢才」を引き合いにする箇所がある。「和魂」とは日本民族固有の精神のことであり、「漢才」は中国伝来の知識・学問のことを指す。「和魂漢才」とは、中国の学問を学んで、それを日本固有の精神に即して消化することを言うのだそうだ。より良きもの、より高き志を目指すには、広い視野と新たな知識が必要になる。違うものを別々に置いたり、遠ざけたりするのではなく合わせてみる。二つを合わせるからこそ、新たな価値を生むのだ。

野球という明治時代の日本人の心を摑んだスポーツは、途切れることなく受け継がれ、今日も数々のドラマを誕生させる。遠い過去から変わらない日本人の野球への愛着と、翔の世代が作るプロ野球のゲームは、「古き」と「新しき」を併せ持っている。

日本の魂を持ってＭＬＢへ渡った大谷翔平は、日本とアメリカのハイブリッドになり得る存在だ。能力が高い選手だからということだけではなく、彼の野球に対する思いや姿勢は、国が違っても伝わるはずだ。熱狂的なファンを誕生させるだろう。

渋沢栄一も菅原道真が示した〝ダブル〟を提唱する。彼が掲げたのは「士魂商才」という言葉だ。栄一は、武士の精神と、商人の才覚とを併せ持つことが必要だと説いている。「この世の中で自立するためには、武士のような精神が大切なのはもちろんのこと、武士的な精神だけに偏りすぎて商才がなければ、経済的な面で自滅を招いてしまう。だから『士魂』とともに『商才』がなければいけないのだ」

そして栄一は、孔子の『論語』を読めば自分が語る「士魂」も「商才」も十分に養える、と書いている。私は、『論語』の良き参考書とも言うべき『論語と算盤』を読み、「士魂商才」を、自分のこととして思うようになった。

野球の才能にも体格にも恵まれなかった私は、怪我をしても病気になっても、死んでもいいから野球をやりたいと願った。どうしてもプロ野球選手になりたくて、教師になる目前でテストを受け、ヤクルトスワローズに拾ってもらった。そんな無軌道な私を、両親も兄も応援してくれた。だがプロになり7年、自分自身の限界にまで挑んだが、栄誉も成績もないまま、居場所をなくし引退した。職を失った私は、スポーツキャスターになった。私は取材者としてプロ野球を見渡しながら、野球というスポーツを職業にして生きていくことを真剣に考えた。自分のことだけではない。選手や球団やコーチやスタッフ、審判やメディア、そうした野球に関わる人々の生活を見渡し、生業とすることの厳しさと難しさを、自分のこととして感じた。２０１２年、監督に就任したその時、まったくダメだった現役時代と引退後の20年間の経験こそ、大切な選手の人生を預かるために必要だったのだと感じていた。才能や実力は残酷なほど明快に人生を分ける。誰もが翔平になれるはずがない。私のように、プロ野球選手になれるかなれないかの境界線にいる選手も、やがて引退し、その先も生きていかなければならない。

私は、才能を育てる喜びに震えながら、プロの世界から離れなければならない選手にも同じ思いで接している。誠実に努力していれば、必ずそれが実る日が来る。プロ野球選手として辿り着けなかった頂上にも立てる日が来る。その瞬間のために、プロ野球を経験したことが、そして悔しさだけを持って引退したことが、必要だったと思える日が来る。

「士魂」と「商才」が、世の中を渡っていく上での武器になり、盾になることを、栄一が私に「伝えよ」と言ってくれているのではないだろうか？

Kuriyama's Memo

17

常に本質を見極める努力をするべきだ

世の中の人は、ある人間を見て、その良し悪しを論評するのが好きだ。しかしその真実を見極めることの難しさは良く知られていることだ。だから、人の価値というものは、簡単にその良し悪しを判断されるべきではない。

渋沢栄一は、人の真価は簡単に判定されるべきものではない、と繰り返し言っている。本当に人を評価しようと思うのならば、富や地位、名誉の元となった成功か失敗かという結果を二の次にし、本質を見ることを懸命にしなければ判定などできない。

プロ野球の監督は、チームが日本一になったら、「日本一の監督」と言われる。自分の不甲斐なさ、足りなさに落ち込んで、ぐったりしていても、そうした姿や内面ははしょられてしまう。

「日本一」になって、いつかとんでもない勘違いをするのではないか、と怖くなったことがあった。特に野球は、1年1年、結果がはっきりと出るので勘違いしやすい。だからこそ、一人になるとこんなことを繰り返し思った。「選手がチームを日本一にしたのであって、栗山英樹は何一つしていない。それは自分が一番知っている」と。

今もその思いは変わらない。勝利は選手のものであり、監督の仕事はただ選手を輝かせることだ。

成功か失敗か。それは、世の中では重要なこととして判断される。プロ野球の世界でなら勝つか負けるかだ。しかし、人の真価は、決してそれだけで計られるものではない。私は「社会のために尽くそうとした精神と効果」に目を向けられる者でありたい。そして、日本の社会全体がそうした目を持って欲しいと願う。

勇翔寮に行くと1軍を目指す選手たちの顔に違う表情があることに気付く。まだ1軍に上がったことのない選手と、1軍から2軍に落ちてきた選手が混在しているからだ。1軍にいた選手にはプライドがある。這い上がるガッツを見せる選手もいれば、2軍にいることへの落胆や不満を胸に抱いている選手もいる。まだ2軍しか経験していない選手たちは、希望を抱き、上だけを目指しているから怖れを知らない。

1軍は勝者で2軍は敗者凋落、どんな選手にも私はこのことを伝えている。

「この瞬間が人生の頂点や成功であるはずがない。では、それはいつなのか。来年なのか10年後なのか50年後、60年後なのか。それは分からない。だが、その成功に向けてそれぞれの人生がある。みんなには、日々そのことを考えて欲しい」

だが、私の言動は矛盾する。プロ野球の世界では勝たなければならない。勝つためにすべての時間を費やしている。その中で死にものぐるいで、選手と私は向き合わなければならない。それが監督なのだ。

Kuriyama's Memo

18

「お金」とは正しく向き合うべきである

お金は貴重で大切なものであると同時に、賤しいものでもある。お金はどうしたら貴重で大切なものとなるのかというと、それはすべてお金を持っている人の人格によるものだ。

プロ野球選手の最大の評価は、年俸だ。素晴らしい成績を残し、お金をたくさん得ることが良い選手だということの証明になる。年俸が高く良い選手は、たくさんの試合に出ることができる。

ドラフト1位で指名され、億を超える契約金を提示された選手は、チームのみならず日本球界の期待をも担っていることになり、選手にとってこれほど栄誉なことはない。ピッチャーであれば、沢村賞を取って、バッターであればホームラン王や三冠王を獲得し、年俸が1億5000万から3億になる。それがまたモチベーションになるだろう。プロにはそういう夢がある。サラリーマンでは絶対に体験できないことだ。

しかし、プロ野球選手のほとんどは若い。ファイターズでは、お金とその対応、引退後の人生設計など、専門家に講師を依頼し、レクチャーを行っている。お金は大事に使いなさいとか、引退したらこういうお金が必要になるからいっぺんに使ってはいけないとか、基本的なことだが、若い選手が経済の知識を知ることは大切なことだ。

若い選手には私も積極的にアドバイスをする。当然のことだが、人間が生きていくためにはお金が必要だ。プロ野球選手は、一般の社会人とは桁外れのお金を手にすることがある。しかし、それを間違って使うと、人生はとんでもない方向へ曲がってしまう。

渋沢栄一は、「論語と算盤は一致すべきだ」と唱えている。また「上手にお金を集めることを知り、上手な使い方を知らないと、結果として守銭奴になってしまう」とも言っている。つまり、お金は、所有する者の人格が問われるのである。

栄一のお金への清廉さは、91年間の長い人生の中でも一度も揺らいだことがない。それは栄一が、お金を「社会の力を表すための大切な道具」と位置付けていたからだ。

プロ野球選手にはいくつもの誘惑がある。人気を得ているからであり、また若くしてお金を持つことが多くの要因だ。私は、選手たちがお金に翻弄されず生きて欲しいと思う。私が若手に、「知らない誰かに奢られて得意にならず、飯くらい自分でかっこ良く食え。そのために稼ぐんだろ」と言うと、選手たちは「もちろんです！」と返事をする。しかし、人は弱く、施されることに慣れると正しい金銭感覚を失ってしまう。そうしたリスクを負わず、野球にだけ邁進して欲しい。

自分で稼いだ金で、自分が美味しいと思うものを食べる。自分や家族の精神的な安定のためにお金を使って欲しい。

プロ野球選手としてどうあるべきかは、つまり、社会人としてどう金を使うか、ということだ。無駄遣いはせず、けれどケチにもならず、良く集めることを知って、善く使うことを知る。栄一のお金に対する哲学は、若い時にこそ身につけるべきものだ。

Kuriyama's Memo

19

「人が喜んでくれるか？」を軸に考える

もし面白いという気持ちと興味をたくさん持って、仕事に携われれば、どんなに多忙であっても、そしてどんなに面倒なことがあっても、飽きたり嫌になるような苦痛を感じることはないだろう。

渋沢栄一は江戸の末期に生まれて、明治、大正、昭和と壮大な運命を辿っている。その人生の大半は、公のために何ができるか、であった。

本田宗一郎さんにしても、松下幸之助さんにしても、スティーブ・ジョブズにしても、偉大な起業家のエネルギーの根源は、人に喜んでもらいたいという思いだったと感じている。私に何ができているかは分からないが、私が立ち止まることなく走り続けるのは、一人でも多くの人に野球を楽しんで欲しい、という気持ちが胸を満たしているからだ。野球という仕事には〝天井〟がない。その道はどこまでも続いている。

野球は楽しい。観る者を幸福にする。そのためには努力して築き上げたものを守らなければならない。選手たちの努力は弛《たゆ》みない。鮮やかなプレーを披露し、勝利を求めることはもちろん、アスリートとして社会に貢献し、子どもたちに夢を与え、世間の模範となる行動をする。

社会的な道徳を体現する者が、フィールドにいるからこそ、人々の心は清々《すがすが》しくいられる。私はファイターズという組織の中で、決定者を務める。つまり、「決める係」だ。権威があるわけでなく、偉いわけでもなく、その役割を与えられている。1軍登録選手を決め、スタメンを決め、先発投手を決め、選手交代を決める。

決めることに苦労がないわけではない。人を選び、決めていくことは、選手を選別することであり、時には冷徹な目で日常とは懸け離れた判断をしなければならない。

その判断に、説明も、言い訳もない。決めた内容で、人は私という人間を判断する。栗山のような者に何が分かる、それが正解なのか、と憤る人も中にはいるはずだ。

それでも決める係なら、決め続けなければならない。人を決めて、分けて、伝え、遂行する。このことを続けるには胆力が必要で、また孤独に耐えなければならない。

野球というスポーツの素晴らしさをスタジアムで目の当たりにしてもらうための「仕事」に、私は楽しみと喜びの気持ちを沸き立たされている。ホームと敵地のスタジアムを移動し、揃いのユニフォームを着て、試合では戦術を戦わせ、選手たちは躍動する。

ゲームを待つ人々のことを思えば、どんな苦しみも乗り越えられる。現代の野球が50年後、100年後の野球にどんな影響を与えているのか、想像することはできない。だが、未来に、野球とそこにある美しいゲームを失うことだけはあってはならない。こうして仕事をしながら、私や、すべての野球人は、次世代へ野球を繋ぐための責任を負っている。

野球を愛し、楽しむ人は数え切れない。私はその数え切れない人のうちの一人でもある。

Kuriyama's Memo

20

見た目でなくて、プレーで目立て

実際の社会においても、人の心の善悪というよりも、所作の善悪に重きが置かれる。しかも心の善悪よりも、所作や行動の善悪のほうが判別しやすいので、どうしても所作や行いが良い人のほうが信用されやすいものだ。

コーチや監督が選手に何かを強制しても、必ず良い結果が出るとは限らない。たとえ良かれと思った指示であっても、選手が心から納得して取り組まなければ、思い通りの結果は付いてこない。

ある会見時、新聞記者の方から、選手がガムを噛んでいることや金髪にしていることについて指摘されたことがあった。スポーツ選手としての在り方、礼節についての意見だった。私はその通りだと思って聞いていた。だが私は、選手には何も伝えなかった。

監督として、髪を黒く染めろ、人前でガムを噛むなと命令することはできる。監督から直に言われた選手はそれに従うだろう。従わなければ、従わない選手だという事実が残るのだから。ただ言いなりになった、という精神は、他のところで歪みが現れることがある。押さえつけられたという意識がストレスになるのだ。

髪を黒くしても夜中まで出歩くかもしれない。ガムを噛まなくなっても、朝まで飲むかもしれない。ガムを噛んでいても金髪にしていても派手なアクセサリーをしていても、夜、出歩くことなく十分な睡眠を取ってもらったほうが、私はいい。金髪やガムを噛むことやアクセサリーは、若い彼らの自意識や自尊心の現れだ。それが満たされることで、ゲームのために万全を期し、ゲームに全力で挑むのなら、私はそれでいい、と考える。

球団は、義務教育の学校ではない。彼らが自己をどう表現するのか、その自意識や自尊心をどう満たしていくのか、それを見極め、勝利へのモチベーションに変えていくことが私の役目である。首根っこを押さえつけて、言いなりにさせることが仕事ではない。

しかし、人生の先輩としては、伝えなければならないことがあるとも思っている。髪の色やガムで周囲の人々を不快にするなど、野球選手として以前の問題だ。

私はスポーツキャスター時代、ニューヨークで取材中に現地在住の日本人カメラマンと議論になったことがある。彼は仕事のできるナイスガイで、プロダクションの社長だった。彼は、私に「別に髪の毛で仕事するわけじゃないから」と言っていた。確かにそうだ。が、私は彼にこんな話をした。

「仕事を決めようと社長が挨拶に行った時に、相手に『金髪でチャラいやつだ』と思われて仕事が決まらなかったら、社員に迷惑がかかるだろう。なぜ、そんな無益なリスクを負うんだ」

彼は顔を横に振る。

「いや、栗山さん、僕は髪の色など関係なく、仕事を取りますよ」

議論はそこで終わったが、次回、仕事で再会した時には彼の髪が黒くなっていた。要するに自分の理論では通じないこともあると、気付いたのだろう。

選手が金髪にして、これも一つのスタイルだというのであれば、それを否定しない。けれど「野球人であれば、プレーで目立て。そのほうが断然かっこいいぞ」と、私は言う。

命令ではなく彼らを導く方法は、なぜダメなのかを考えさせることだ。例えば、憧れの選手を真似て、子どもが金髪にしたとする。金髪が悪いとは言わないが、やはり悪い友だちとつき合って事件に巻き込まれる可能性が高くなる。野球選手として、子どもにそれくらい影響力があると思えば、子どもを守るために金髪にしなくてもいいのではないか。私は時間を掛けてそう問い掛ける。私に命令されたからでなく、子どものために髪を黒く染めたのなら、それは意味ある自発的な行動として彼らの心に残るからだ。

それぞれの習慣や価値観は子どもの頃から作られていて、容易に変わるものではない。「かっこいい」の価値が変わらなければ、結局は変わらない。私が若い選手たちと話していていつも感じるのは、そこだ。彼らの「かっこいい」に幅を持たせることが重要なのだ。

私はクールビズ期間中もネクタイをしている。チームの代表として挨拶することが多いので、ネクタイは取らない。ネクタイをしていたほうがいいと思っているだけなのだ。

私は入団したばかりの翔平に、「おれは普通の人でありたい。だからいつも普通の格好をしているんだ。これがおれのかっこよさなんだ。翔平もお前なりのかっこよさを作れ。できるよな」と話したことがある。

彼は自分で考え、大谷翔平らしい格好をするようになった。翔平は、誰かが自分を見た時に、どういう影響を与えるのかを考えることができる。

私が子どもの頃と現在では、プロ野球選手が置かれている環境は違っている。一晩中飲んで、そのまま球場に行き、ホームランを打てばヒーローと言われた時代は、もう過去のものだ。

メジャーへの移籍交渉のために、急遽アメリカへ飛ぶ翔平の格好がふと気になってテレビを見ると、飛行機に乗り込む彼はジャケットを羽織っていた。

大谷翔平の「かっこよさ」は、すでにメジャーのファンの心を掴んでいる。

Kuriyama's Memo

21

野球人としての成功より、人としての成功を目指す

人間一般に共通して見られる弊害として、人は結果を焦って大きな目標を忘れ、勢いで起きていることにこだわり、ちょっとした成功に満足するかと思うと大したことがない失敗に落ち込む人間が多い。

高度な野球をするためには人としての力、人間力も必要だ。

私がなぜ渋沢栄一の『論語と算盤』を選手たちに配っているのか。それは日常を省みても、野球ではないところにこそ注意を払わなければならないからだ。目前に問題があっても、進むべき方法と考えがあれば自然と道が切り開かれていく。それを繰り返せばやがてしっかりとした人間力がつく。

フィールドでは、投げて打って勝った人がすなわち評価される。選手にとって、良いゲーム、良いプレーが使命だが、人間は、成績だけ、数字だけで真価を問えないこともある。良い成績を叩き出した選手だからといって、最高のリーダーだとは限らない。チームにとって必要なリーダーシップを持ち素晴らしい人格であっても、数字が取れない選手もいる。監督として、常にその矛盾について考えている。私はみんなに輝いて欲しい。けれど現実はそうはいかない。

人生の価値は、人それぞれ違うのだと思っている。なかなか活躍できない選手には、誰よりも努力できたとか、最後まで野球が好きだったという思いこそ、大切にして欲しい。人生にとってその気持ちがいかに重要で幸せであるかを、知って欲しいのだ。

私もそうだった。自分の才能のなさ、体力のなさに愕然として、プロ野球選手としての満足を感じたことがなかった。しかし今、胸の中心に残って私を奮い立たせるものは、プロ野球選手になることを求め続けた思いや、人知れず努力する自分の姿、引退する時の挫折と悲しみなのである。

こうしたことが自分を作る支柱になるとは、若い頃にはまったく理解していなかった。今は、選手がこのことに早く気が付くことが重要だと思っている。落ち着いて自分の可能性を探り、だからこそ、地に足がついた日々を、人生を送ることができる。

選手たちは野球人としての成功を目指している。それ以上に、人間としての成功をなんとしても摑み取って欲しい。そのために『論語と算盤』を薦める。野球以外の世界を知るために必要な書だから。

Kuriyama's Memo

22

運の開拓は努力から

世の中の人は、口癖のように運が良いとか悪いとかを語るが、そもそも人生における運とは、10のうち1や2ぐらいはひょっとしたら決まっているのかもしれない。だが、もし決まっていたとしても、自分で努力をして運を切り開いていかないと、決してこれを摑み取ることは不可能だ。

スター選手のそのほとんどが強運と呼ばれている。時代の趨勢《すうせい》を掌握している存在だ。球界のヒーローたちの顔ぶれを思い起こせば、人生の運は、生まれている時に決まっているのかもしれない、と思う。

こうした運を持っている人が時代を作っていく。日本プロ野球が華々しい歴史と伝統を紡いで今日がある。こうした話をすると、心は野球少年に逆戻りしてしまう。

しかし、強運のスター選手だけがプロ野球界を形成しているわけではない。事実、私のような選手がプロとなってゲームに出場したように、多くの選手が、天運を持ったスター選手を羨《うらや》みながら、努力でスター選手への道を歩むのである。

監督の最大の仕事は、この道を歩む選手に向き合うことだと思っている。私が選手と向き合う際にもっとも大切にしているのは「方向性」と「覚悟」だ。

自分はどこへ向かい、どんなルートでそこへ辿り着くのか。それが分かっている選手とそうでない選手では、行く末がまったく違ってくる。中には進むべき道が見えていない選手もいて、そんな選手には道を指し示すこともしなければならない。

方向性には具体的な目的が必要だ。日々のゲームに勝利すること、リーグ戦で優勝し、クライマックスシリーズでも、日本シリーズにも勝って日本一になること、年俸を上げること、などイメージを明確にする。

さらに、そうした目的の当事者になるためにはどうすればいいかを投げ掛ける。チームの勝利に貢献するためには、どんな選手になれば良いか。思い描いた選手になるためにはどうしたら良いか。練習の手法や勉強の方法、そのマネジメントも考える。方向と目的が定まると、選手は遠回りをしなくて済む。これでいいのか、と迷い悩むことから解放される。けれど、進む方向を見出した選手にはもう一つ必要なものがある。それが「覚悟」だ。

「この道を進むことこそ自分の生きる道だ」

「ここから離れたら、自分はユニフォームを脱がなければならない」

という強い決意は、必ず進化に繋がっていく。もちろん、それは簡単ではない。自分の足下を見て、他方に目をやれば、隣の芝生は青く見える。羨み、動揺し、不安に苛まれることもある。だが歩むことをやめたら、進化は絶対に訪れない。監督は、選手それぞれの「方向性」と「覚悟」を持つために問い掛け、その環境を与えなければならない。「努力しなければ何も始まらない。起こらない。だから覚悟して進んでほしい」と、言い切る役目を負うのだ。褒めても、怒鳴っても、何時間話し合っても、目の前の選手に覚悟をして欲しいと願う。その時、選手からどんな質問をされても、迷わず答えなければならない。

私は、そうした瞬間のためにも『論語と算盤』を読み返す。渋沢栄一が孔子の言葉を借りて話したように、私は栄一の言葉を借りて選手と対話する。

Kuriyama's Memo

23

すべての答えは『論語』の中にある

私は一人の実業家として、経済と道徳を一致させようと、常に「論語と算盤を調和させることが大切だ」と簡単に説明して、一般の人々が簡単にそこから目をそらしてしまわないように手引きしているのである。

私は監督に就任した２０１２年から『論語と算盤』を題材にミーティングを始めている。これ以上の教材はないと思い、何冊も買って、若手選手に手渡してもいる。

『論語と算盤』を手渡された選手は、キョトンとして本のカバーに目を向ける。著者の渋沢栄一とタイトルの『論語と算盤』を見ても、自分との共通項は一つもない、という表情だ。私は困り顔の選手にいつもこう告げる。

「とにかく読んでみて欲しい。分からないことがあったら、何でも聞いていいからな」という思いで渡すのだが、選手が本当は何を思っているかは分からない。でも、いつかこの本に書かれている意味が分かってくれると信じて、渡し続けている。

翔平が入団した年の最初の若手選手を集めたミーティングでも教材はこの本だった。私自身、もし10代で『論語と算盤』に出会えていたなら、と想像することがある。きっと人生の何かが変わり、違った自分がいたはずだと思える。だからこそ、翔平のような選手が手に取ったことが楽しみでならなかった。彼が読書好きなことは聞いていたし、翔平ならきっとどこかの章や文章に、心を寄せてくれると思えたのである。

私はこれから先も『論語と算盤』を選手に読んで欲しいと差し出すはずだ。野球のことなど1行も触れていないこの本を読んで、野球選手としての生涯を設計して欲しい。

1冊の本が、まるで家族や旧友のように寄り添ってくれることなど、この本に出会わなければ知ることがなかった。

監督になった今、『論語と算盤』は、私にとって羅針盤のような役目を果たしている。チームが勝つためには何が必要か、選手が輝くためにはどうしたらいいか、自分がこの瞬間にすべきことは、そうしたことを渋沢栄一の言葉が精解に指し示してくれるのだ。

『論語と算盤』を初めて読んだのは、40代で白鷗大学の教壇に立った頃だった。

何度か読んで渋沢栄一の言葉のいくつかを心に留め置いた私は、日本資本主義の父と呼ばれる栄一のプロフィールを眺めながら、この人がいなければ日本はいったいどうなっていたのだろう、とその偉業をただ畏怖することになった。


渋沢栄一は1840(天保11)年2月13日、現在の埼玉県深谷市血洗島の農家に生まれました。家業の畑作、藍玉の製造・販売、養蚕を手伝う一方、幼い頃から父に学問の手解《てほど》きを受け、従兄弟の尾高惇忠から本格的に『論語』などを学びます。

「尊皇攘夷」思想の影響を受けた栄一や従兄弟たちは、高崎城乗っ取りの計画を立てましたが中止し、京都へ向かいます。

郷里を離れた栄一は一橋慶喜に仕えることになり、一橋家の家政の改善などに実力を発揮し、次第に認められていきます。

栄一は27歳の時、15代将軍となった徳川慶喜の実弟・後の水戸藩主、徳川昭武に随行しパリの万国博覧会を見学する他欧州諸国の実情を見聞し、先進諸国の社会の内情に広く通ずることができました。

明治維新となり欧州から帰国した栄一は、「商法会所」を静岡に設立、その後明治政府に招かれ大蔵省の一員として新しい国づくりに深く関わります。

1873(明治6)年に大蔵省を辞した後、栄一は一民間経済人として活動しました。そのスタートは「第一国立銀行」の総監役(後に頭取)でした。

栄一は第一国立銀行を拠点に、株式会社組織による企業の創設・育成に力を入れ、また、「道徳経済合一説」を説き続け、生涯に約500もの企業に関わったといわれています。

栄一は、約600の教育機関・社会公共事業の支援並びに民間外交に尽力し、多くの人々に惜しまれながら1931(昭和6)年11月11日、91歳の生涯を閉じました。

(公益財団法人　渋沢栄一記念財団　公式サイトより)

けれど、私と『論語と算盤』の真の出会いは、その後に訪れる。

2013年のシーズンを最下位で終えた私は、自分の弱さ、至らなさに顔を上げられないまでになり、野球と生きるための教えを求めたのだった。人間として成長しなければ、監督としての成長もあり得ないと感じていた私は、哲学書や思想書、コーチングやビジネススキルの本を手当たり次第に読みながら、経済新聞の特集で幾人かの企業家たちが推薦の書としてあげていた『論語と算盤』を再び手に取った。

一気に読み終えた数時間後、私は体の中に突風が吹いていることを感じたのだ。日本経済を創り上げた渋沢栄一は、そうできる立場にありながら巨万の利益を放棄し、公の富のために力を尽くし、正しい資本主義を構築することに生涯を懸けた。

貫かれているのは、人間としていかに生きるか、という魂だ。彼は、自分の人生を紐解いては、「人は人のために尽くすことこそが道である」と言い切るのである。

本質が古びることはない。普遍は朽ちることはない。

私は、二度と『論語と算盤』を手放さないだろうと思っていた。やがて、この1冊こそ、現代の日本人を導く書だと確信し、その一行一行に自分の心を重ねていった。

私は、私が監督である限りファイターズの選手にこの本を贈るだろう。今は、ビジネスの世界や教育の世界でも『論語と算盤』が読まれることを願っている。

Kuriyama's Memo

24

答えが出ない時、ヒントはここにある

生まれながらの聖人なら別の話だが、私たちのような凡人は、志を立てるにしても、迷ってしまうのが世の常だ。あるいは、目の前の出来事に翻弄され、いっときの事情に惑わされ、自分の本心とは違う方向へ向かってしまう人が多いが、これは本当に志を立てたとは言えない。

2016年9月28日、西武プリンスドームでの対西武ライオンズ戦。11・5ゲーム差があったソフトバンクホークスを逆転し、優勝が決まった瞬間の気持ちを正直に言えば、「信じ続けた結果になった」である。就任1年目の2012年に優勝してから4年振りのリーグ優勝は、定石ではあり得ないことが次々に起こったから叶ったものだ。

リーグ3連覇を狙うソフトバンクを追う我々は、球団新記録の15連勝という猛追を実現した。終盤のデッドヒートでも、私は「絶対に追い付き、追い越すんだ」と信じていた。大逆転での優勝など無理、不可能だと言う声が聞こえても、心はまったく揺らがなかった。

監督になって、どれほど自分に足りないことがあるのか、また自分の判断・決断が常に正しいと言い切れるのか、と自問自答し、時には煩悶することもあった私は、先人たちの残した言葉にすがることになった。渋沢栄一の『論語と算盤』をはじめ、優れた人物の残した人生観、経験論を吸収することが私の日課だった。

渋沢栄一と同じ位影響を受け、尊敬を抱いているのは井原隆一さんだ。井原さんの壮絶かつパワフルな人生に、ただ胸を突かれる。1910年生まれの井原さんは、14歳で埼玉銀行（現・りそな銀行）に入社した。父親の死に伴い20歳で莫大な借金を背負うのだが、銀行から帰ると家業をこなし、寝る間も惜しんで借金を完済する。その間も、向学心は失われることなく、独学で法律、経済、経営、宗教、歴史などを学び極めていく。埼玉銀行では最年少で課長に抜擢される。

証券課長時代にはスターリン暴落を予測して、直前に保有株式証券をすべて整理し危機を回避する。経理部長時代には日本で初めてコンピューターによるオンラインを導入したそうだ。井原さんは小学校しか出ていなかったが、常務、専務を歴任するのである。

1970年、大赤字と労働争議で危地に陥った日本光電工業に入り、独自の再建策を打ち出し、奇跡のV字回復で短期間に大幅黒字、無借金の超優良会社に甦らせてしまう。その後も数々の企業再建に尽力し、名経営者として歴史に名を刻むことになった。

その井原さんの言葉に「真に信ずれば知恵が生まれる」というものがある。私は、大逆転を目指す日々、その言葉を喉の奥で唱え続けた。「追い付く」と信じ続ければ、必ず道が開け、さらに道を切り開くための知恵が生まれる、と。

7月3日のソフトバンク戦での翔平の「1番・投手」も、守護神だった増井浩俊の先発転向も、優勝を諦めない、と考える中で生まれた采配だった。メディアには「栗山は何でもしちゃう」などと言われたが、私にとっては勝つための必然だったのである。

私は、渋沢栄一が言ったように、志をやり遂げられる境遇にいるのかを深く考慮した。そこで「やり遂げられる」と思い至ったのだ。さらに、井原さんの言葉を噛みしめながら、湧いてきた考えに従った。これだけ苦しみ、うまくやれなかったのだから、私は渋沢栄一さんにも井原隆一さんにも出会うことができた。ダメな自分だったから、偉大な先達にここまで心を寄せることができた。私は、迷いが生じ、答えが出ない時には、正しい道への入り口を探す。探せば、必ず水先案内人に出会うことができると信じている。人生における出会いとは、そうしたものだ。

私は飽きもせず、車に乗ると井原さんのCDブック『論語と経営』(プレジデント社刊)を聴いている。そこには何度聞いても、うんうん、と頷いてしまう言葉の数々がある。

例えば、井原さんが感じ入っていた「近き者説《よろこ》べば、遠き者来たらん」という論語子路第十三の一節を、井原さんは会社経営にそのまま当てはめていた。これは、「身近な人を喜ばせれば、その評判を聞いて遠くから人が集まるようになる」という意味だが、井原さんは「近き者」を社員とお客さんと株主と捉え、その三者をとにかく喜ばせることを考えた。喜ばせる最たる手段は、とにかく利益をあげること。会社は利益が上がれば、皆が喜び、さらなるお客さん(遠き者)が増え、また利益が上がる、というわけだ。

チーム運営もまったく同じだ。選手とファンと球団を支える方々が喜べるのは勝利だ。どんなに僅差でも、泥臭くても、勝てばチームは賑わい、皆一体となり、心が沸き返る。

2009年に99歳で大往生を遂げられた井原さん。一度、お会いしたかった。今は、CDを聴く度に、「井原さんの経営学に背中を押され戦っています」と胸の奥で呟いている。

Kuriyama's Memo

25

自分が正しいと思うな

この世の中に身を置いて、進んでいく道には困難が伴うけれど、『論語』をしっかりと読み、良く理解していけば気付くことやヒントをもらえることが多くあるのだ。

『論語』を良く読んで味わうようにすれば、大きなヒントも得られるという、この一文は、人間にとって「指針」がどんなに大切なことなのかを示すものだ。

幕末の豪農の家に生まれ、帯刀して徳川慶喜の家臣となり、1年のパリ外遊を経験して明治新政府に参加し、日本の資本主義のために命を賭した巨星・渋沢栄一も、常に傍らに『論語』を置いて、自分の私生涯と孔子の説いた道徳を照らし合わせていた。そのことが実に感慨深い。

私にも、決してぶれない「指針」を示してくれる先輩がいる。その人の名は三原脩さん。「知将」「魔術師」を呼ばれた三原さんは、監督になった私にとって取るべき態度や進むべき方向を示してくれる方だ。

香川県生まれの三原さんは、高松中、早稲田大学野球部で活躍後、昭和9年（1934年）に現在の読売ジャイアンツの前身である大日本東京野球倶楽部と契約し、プロ野球選手の第1号となった。引退後、巨人の監督に就任し戦後初優勝を果たす。のちに西鉄（西武の前身）を3年連続日本一、大洋（横浜DeNAの前身）を初の日本一に導くなど、たぐいまれなリーダーシップと名采配で野球ファンを沸かせ続けた。

近鉄バッファローズ、ヤクルトアトムズ（当時）でも監督を務めた後、引退後は日本ハムの球団社長、相談役を務め、1984年2月に逝去された。1984年は、私がプロ1

年目、ヤクルトスワローズで遊撃手としてデビューした年だ。子どもの頃から三原さんの伝説に触れていた私は、三原さんの持つ大局観に畏敬の念すら覚えていた。

三原さんの偉才ぶりを示すエピソードは、1931年春季の早慶戦2回戦で、慶応の投手・水原茂さんを相手に敢行した勝ち越しホームスチールなど数多あるが、私が感じ入るのはやはり監督としての采配だ。どれほどインスピレーションを与えられたか分からない。

常識にとらわれない三原さんは、2アウト満塁、カウント3ボール2ストライクの場面で、バッターボックスに立つ打者に「待て」のサインを出したという。監督が「待て」のサインを出せば、バッターはどんなボールも見送る。だからこそ、フルカウントで「待て」はあり得ない。待ったボールがストライクなら、その打者は三振になるからだ。

ではなぜ、「待て」と言ったのか。バッターがヒットを打つ確率と相手ピッチャーが四球を出す確率を考え、四球で出塁の可能性が高いと踏んで「待て」を出したのだ。三原さんの一瞬の判断に、常識も非常識もない。監督としての判断の連続がすなわち〝野球〟だ。

三原さんは報知新聞の記者として第二次世界大戦下にビルマ戦線で従軍したという。玉砕の地で命を永らえ球界に復帰した三原さんは、人間の運を重んじていた。戦争の中で生死の境目を行き来した経験からもそうした哲学が生まれたのだと思う。

監督としてチームを指揮した三原さんは、「実力5、運3、調子2」と勝負事の割合を説いた。長いシーズンを戦っていると、「運」が勝敗や選手の活躍を分けていると感じることが確かにある。運は実践できるものではないが、平静な心持ちで「運」をも受け止めることが大切だと感じている。私は三原さんに習い、「自分が正しいと思うな」を信条としている。野球なんて答えがない。正しいと思った瞬間に創造は終わる。

私の背番号80は、三原さんがヤクルト監督時代に付けた背番号だ。最初の西鉄監督時代は50、大洋の監督では60、近鉄バッファローズでは70、最後のヤクルトで付けたのが80。私は憧れのままにその80番を選んだ。この番号を背負った私は常に、「自分が抱いているイメージなど小さいもので、何事も決め付けず、広い視野を持って臨まなければならない」と考えている。

三原さんの墓参りをさせていただく度に、墓前に報告をする。翔を4番から下げません、翔平は二刀流を貫き通します、とその時々の揺るがない決意を告げてきた。新しいシーズンを前に手を合わせ、翔平のエンゼルス移籍と、清宮幸太郎の入団も三原さんに報告した。

清宮については、常識の枠に捕らわれずに育てることを誓った。三原さんからは、「その能力を信じるなら、先入観に捕らわれるな」と言っていただいた気がしている。

いつに日か、私のヒーローである三原さんに、「栗山、ちゃんとやっとるやないか」と言ってもらえるようになりたい。それこそが私の、心の指標である。

Kuriyama's Memo

26

道徳と利益の一致が、真の成功に繋がる

私は常にこう説いている。「算盤は『論語』によってできている。また『論語』は算盤があることで、本当の経済活動が行われる。だから『論語』と算盤は、遠い存在のように見えて実は近いものだ」

どんなに愛情を持ってゲームに臨み、チームが家族のようになったとしても、負け続けたら何の価値もないといわれてしまう。それが野球選手という職業だ。監督の私にできることは一つしかない。選手のためにプラスになるのかマイナスになるのかの判断を下すこと。その判断さえ間違わなければ、必ず勝利に近付くし、選手も育つと思っている。

野球の試合に訪れる様々な局面は、人生に似ているかもしれない。喜びもあれば苦しみ悲しみもある。希望を持つこともあれば、絶望し顔を上げることもできない瞬間も訪れる。一つのゲームやプレーを積み重ね、人生を紡いでいる。私やコーチ、選手たち、球団を支えるスタッフすら、勝利への渇望と努力が報われるわけではない葛藤から逃れられない。

渋沢栄一は、論語と帯同した生涯を『論語と算盤』に記したが、私の日々は言うなれば「論語と野球」である。私は時に、得点を競い合い相手に勝ることを目指すボールゲームを、人生そのものだと思うことがある。

野球は生業だが、お金を稼ぐだけの手段ではない。観衆に夢を与え、社会を活気付ける。選手のプレー、勝利によってもたらされる人々の歓喜は、様々な人の人生を刺激し、華やいだものにする。同時に、スタジアムという夢の舞台にあってスポットライトを浴びる選手は、時に出口を見失い、孤独の中で悩み続けることもある。

けれどもユニフォームを着て、プレイボールの号令を受けたなら、そこから逃げることはできない。「やると決めたのなら、やるしかない」のだ。一日一日を後戻りせず、歩んでいくしかない。野球のゲームには、人の世と人生の機微がある。その一景ごとには論語の教えを準《なぞら》えるような事柄で溢れている。

理想の野球人を目指すための研鑽の日々を、私はノートに書き留めている。ある時は静かな筆致で、時には殴り書きのように、ゲームの経過と選手への思い、自身の感情がそのまま記されたこの記述を、私はいつの日か「論語と野球」としてまとめたいと願っている。

私は小学生の頃から「野球はやりきること」と思ってきた。余力を残さず、全身全霊で挑むものだと胸を張っていた。だが念願のプロに入りプレーしていても、やりきれたと思うことなど一度もなかった。足りない自分が歯痒く、悔しさで唇を噛《か》むことばかりだった。

半世紀を生きて、人生の先を見据えた時、思いがけず監督という務めを負うことになった。それは喜びであり、試練という人生の始まりであった。

サラリーマンで、昭和の高度成長期に働き詰めた父は、友人にこう言っていたという。「英樹は50歳になった時に、ユニフォームを着たらいいだろうな」と。

私はその話を伝え聞き、父が「成長しなければ届かない場所があり、成長すればその場所に辿り着くことができる」という、俯瞰した目で自分を見てくれていたのだと驚いた。

私は誰にも話したことがなかったが、29歳で野球と引き裂かれた自分を直視することができないほど惨めで心の中の暗澹《あんたん》たる思いを隠していた。だからこそファイターズの監督としての人生を過ごした日から、これからの時間のすべてはこのチームのために使い尽くすのだと決めていた。このような経験から、論語の本質を優しく説いた『論語と算盤』が拠り所となり、運命や天命という精神的な命題をすんなりと理解することができたのだ。

私のノートにある「論語と野球」は、達観や悟りの心境などどこにもない、激闘の記録だ。しかし、だからこそ真実がそこにはあると思っている。例えばこんな文言がある。

『論語と算盤』には、「それただ忠恕《ちゅうじょ》のみ」とある。「忠恕」とは、思いやりがある真っ直ぐな心のことで、それこそが人の歩むべき道にして立身の基礎、と説いている。野球に置き換えれば、役目、立場の違う者への思いがある。活躍すればお立ち台で喝采を浴びる選手の隣には、素晴らしいジャッジをすることが当然の審判がいる。完璧なジャッジをしても褒められることも野球選手のような年俸を得ることもなく、ミスをすれば大きく非難、批判される存在だ。そうした人たちへの人間としての敬意があれば、おのずと行動も伴うはずだろう。

『論語と算盤』には、「論語と算盤は一致すべきだ」とある。相反するように見える〝道徳〟

と〝利益〟は一致するもので、正しい富でなければ、その富は永続することができないという。プロ野球も、勝利することはもちろん、道徳を遵守し正しいチームスタイル、プレースタイルでなければ長続きはしない。ファンに楽しみや喜び、生き甲斐を与え、社会に健全な影響を与える存在にならなければならない。

『論語と算盤』には、「孝は強うべきものにあらず」とある。親が子に孝行しなさいと強いても、かえって子どもを不幸にしてしまう、と言うのだ。野球に置き換えれば、監督やコーチが選手に何かを強制しても考える力を奪い、良くない結果を招くことになる。監督やコーチが、自分の価値観で良きことと思って指示したことでも、選手が心から納得して取り組まなければ、結実の可能性は低いのだ。

こうした記述を読み返しながら、選手たちにどんな言葉で伝えるかを考える。プロ野球の世界で活躍するために必要なものは何か、ファイターズの選手が目指すものは何か、人として大事なことは何か、相手によって語彙や言い回しを変え、語り掛けている。

ファンの皆さんに歓喜を与えるためにある我々だが、私は、出会った選手たちに、長い人生の中でプロ野球選手になって良かった、ファイターズの一員になって良かったと、そうした思いを胸に刻んでもらいたい。

私の時間は、そのためにある。どんな一瞬も、すべて使い尽くすつもりだ。

第3章　リーダーが大切にすべきこと

Kuriyama's Memo

27

善の競争を尊び、悪の競争を排除する

競争には善と悪の二種類がある。日々人よりも早く起きて、いい工夫をして、知恵と勉強で他人に勝とうと努力するのは善の競争だ。だが誰かが作ったものの評判がいいからと、それを真似してかすめ取ってやろうと考えて、横から奪い取ろうするのは悪の競争である。

『論語と算盤』には実業・商売においての競争の話がいくつも登場する。渋沢は競争にも善意と悪意があり、競争の中で真似してかすめ取ってやろうという行為は、悪いことに他ならないとある。

ここでも規範は道徳だ。正しい競争の中で、独自性はもっとも尊ばれるものである。善でない競争に携わった場合に転がり込んでくる利益は、やがて自分の損失に繋がる、なので将来はない、と渋沢は断言する。他者の権利を侵害するような権利の搾取行為は、実力になり得るはずがなく、徒労に終わるのだ。

野球に関して言えば、我々が日々行っているのは、「お互いが商業においての道徳を重要視する、という強い気持ちを持っているならば、自分自身を高めるために自分を磨いたとしても、悪意のある競争に陥ることはない」という一文に当たる善の競争である。

ピッチングでもバッティングでも走塁でも、素晴らしい選手の模倣からスタートし、教えを請い、自分の技術として磨いていかなければならない。やがて、輝かしい個性になり、観客を沸かせるプレーになる。他人と競争しているわけではなく、自分の進歩との競争。これこそが自分を進化させる一番のポイントだ。

例えば翔平なら、「メジャーリーグでも自分の目指す野球を体現し、熱狂を生み出してみせます」という一徹な志がある。環境や文化の違いを乗り越え、高みを目指して進んでいくのだから、現状維持というメンタリティーではその目標を手中にすることはできない。人の何倍も練習をするだけでなく、語学や異文化での暮らしなど、あえてタフな課題を自分に課さなければいけない。

しかし、そうした競争は清々《すがすが》しいものだろう。自己の可能性を信じて今の自分を超えていくのである。エンゼルスの赤いユニフォームを身に纏《まと》った翔平の晴れやかな表情を見れば、彼の競争には希望が帯同しているのが分かる。

良い競争は、高次元で勝つための思想と戦略の構築であり、その実践である。思いを巡らし、計画を立て、練習をする。いつか頭でだけ思い描いていたことが、普通にできるようになるまで繰り返す。忍耐力が必要だが、目標を遂げれば見たことのないような世界が開けるのだ。

プロ野球選手として誇れる戦績も記録もないが、私自身にも自分と競争し、世界が開けた瞬間がある。そこには逞しく温かいリーダーの存在があった。

私がドラフト外でヤクルトスワローズに入団した1984年、新人選手は7人だった。ドラフト1位はその年の開幕投手を務めた高野光。ドラフト2位はのちにヤクルトきっての人気選手になる高校生ルーキーの池山隆寛。

東京学芸大学を卒業しプロ野球選手になった私は、シーズン前の主力選手を除いた合同自主トレで、プロのレベルを知ってしまった。そこでは、もう閉口するだけだった。

初年度から1軍で活躍した高野や池山とは比べものにならない。もちろん私は、2軍での春季キャンプをスタートさせるのだが、そこでも毎日が焦燥との隣り合わせだった。

「なぜこんなところに来てしまったのか」という後悔と、「このレベルでやっていけるはずがない」という恐怖が募り、まともにボールが投げられないほど追い詰められてしまう。キャッチボールをするだけなのに、相手の胸の中心に投げられなかったらどうしよう、相手はなんと思うだろうと考え、腕が硬直してしまい、ボールが相手まで届かないのだ。

私の緊張など慮《おもんぱか》る人はいない。周囲は呆れているだけで、私自身は陰鬱とした気持ちから一瞬も逃れることができなくなった。いっそ怪我をしてリタイアできないかと考えていた。

春季キャンプをする合宿所の3階に寝泊まりしていた私は、チームメイトと顔を合わせることが怖かった。誰もいない時間になるのを見計らって風呂に入った。皆が食べている食堂には近付けず、皆が食べ終わった頃に降りていく。

イースタンリーグでのシーズン開幕直後、私は絶望の淵に立った。チームメイトから「栗山が出場したら勝てない」「あいつが守るなら投げたくない」と公然と口にする選手が現れたのだ。

バッターボックスであえなく三振する私、また内野ゴロを後逸する私には、相手ベンチから嘲笑とともに「お前、それでもプロか」とヤジが飛んだ。当然だった。ただ足が速いだけの草野球レベルの選手が紛れ込んだような光景だということを、私自身がもっとも理解していた。

善の競争、つまり自分を高めていくためのチャレンジはどうすれば生まれていくものなのか。そこには〝明確な目標〟や〝大きな壁〟の存在が重要になる。

競い合うべき理由や、目的がないと、人は安穏として工夫も努力もしない。憧憬の対象やライバルの存在があって、知恵を生み努力もうながされる。渋沢の言う、「知恵と勉強で他人に勝とうとする努力」を忘れてはならない。

Kuriyama's Memo

28

競争すべき相手は、他ではなく、自分だ

勉強して心を磨いて、人格を高めるように努力をすればするほど、物事に接する時に、物の良し悪しがはっきりしてくる。それができているのなら、何を選んで何を捨てるかということを決断する時に迷うことなく、スムーズに決められるものである。

プロ野球になんて入らなければよかった。

そんな精神状態にあり、いつも一人でうつむいていた私に声を掛けてくれた人がいた。ヤクルトの2軍監督、内藤博文さんだ。内藤監督自身もテスト生として巨人軍へ入団したこともあり、私の境遇を察してくれたのかもしれない。

内藤監督は、「おい、栗。おれがお前の練習を見てやるよ」と言って、全体練習が終わってから、私一人のために時間を割き、居残って、ノックをし、ゲージ脇に立ってバッティングを見てくれた。

2人きりの猛特訓に、私は大声を出したいほどの喜びを感じていた。孤独に怯える私は、私に目を向けてくれた内藤監督にすがる以外なかった。

2人きりの練習の際、内藤監督は私に度々こう言った。

「栗、プロは競争社会だ。2軍から1軍に上がり、活躍しなければ認められずに終わるんだ。けれどな、おれは今、お前と2人で練習しながら、そんなことどうでもいいと思っているんだよ。昨日より今日、今日より明日、お前が少しだけでもうまくなってくれれば、おれは嬉しい。それだけで十分だ。だから栗、お前も、自分と他の選手を比べるな。今日の自分を超えていくことだけを考えろ」

内藤監督のその言葉を聞き、私の心は徐々に弾力と瑞々《みずみず》しさを取り戻していった。競争すべき相手は他者ではない、自分なのだ。負けてはならない相手は、他の誰でもない、弱き自分なのだ、と、はっきりと認識できたのである。

ノックのエラーが数本減った。バッティングでのヒットが2本増えた。そんな小さなことが喜びになり、明日への活力へ繋がった。

すると、チームメイトへの気持ちも変化していった。劣等感で縮こまっていた体が動くようになり、チームのためにできることをしようと思い立った。大卒だろうが年上だろうが関係なかった。マスコットバットや滑り止めのスプレー缶など、足下に転がる用具を率先して片付け、グラウンドにはトンボもかけた。ゲーム中には誰よりも声を出してチームを鼓舞する。自分の居場所でできることをすることの喜びを、私は感じ始めたのである。

変わっていった私に、内藤監督はこんなことを告げたのだった。

「栗、一度で良いから1軍へ入ってみろ。1軍はいいぞ。1軍で戦ってみろ」

その年のヤクルトの2軍には野手が少なく、私は幸運にもイースタンリーグのほとんどの試合に出場することになった。80試合のうち70試合、フィールドに立ったのである。

最初は目も当てられなかったバッティングは徐々に調子が上がり、フィールディングもこなせるようになった。塁に出れば唯一の武器である俊足で盗塁もした。

シーズンが終了する頃に、私はイースタンリーグで、ある程度の成績を取っていた。

それは内藤監督との練習のお陰で、自分との競争が楽しくて、練習が待ち遠しくて仕方なかった結果だった。すると、また内藤監督は私を呼んだ。

「栗、パ・リーグ最後の2試合、1軍でやってこい」

5位が確定していたチームが若手を試そうと起用したのかもしれない。イースタンリーグで高打率を残していた私をテストする意味もあったのかもしれない。事態が飲み込めないまま、私は翌日に1軍のユニフォームを着ていた。

ヤクルト1軍の土橋正幸監督が私をショートで起用したのは、神宮球場での対大洋ホエールズ戦の9回表である。記憶がないほど緊張した私は、ショートゴロでアウトをとった。

翌日のゲームは横浜スタジアムで、私は代打に立ちショートフライを打った。

プロの世界に怖れをなしていた私に、内藤監督は「昨日より今日、今日より明日、うまくなればいい。それで十分だ」と語り掛けた。2軍で自信を付けはじめた私を見ると、一転して今度は「1軍はいいぞ、1軍へ行こう」と背中を押してくれた。

こんなに鮮やかで見事なコーチングをもってして、私をプロの選手にしてくれた内藤監督は、善い競争の真価を見極めた人だった。

2人きりの特訓中、対話を重ね、そのコミュニケーションを通して、私の目標達成に必要な考え方を導き、行動することを支援してくれた内藤監督。私は、渾身で弱き自分と〝競い合うこと〟を考え、自発的に成長していくことを求められるようになった。

2軍で落ち込んでいた私は、内藤監督に会わなければ、自分との「善の競争」を知らないまま引退することになっていただろう。私は、一日一日を積み重ねていくことが前進だと知った。それが、諦めないという生き方なのだと内藤監督から学んだのだ。

思い悩む若き選手に向き合う時、その向こう側に内藤監督の面影を見ることがある。そして自分にこう問うのだ。「内藤監督のような思いで人を育てているか。その苦しみに寄り添って、選手が辿るべき正しい道を示しているか」と。

内藤監督は、2013年4月に82歳で逝去された。

その3カ月前、最後に2人で食事をした時には、少し弱った体をものともせず、近くにあった箒をバットに見立てて振り抜きながら、バッティングについてあれこれ語ってくださった。

突然の訃報に触れても開幕直後でチームを離れられず葬儀にも参列できなかった私は、左肩に喪章を付けゲームを戦った。2012年、ファイターズの監督就任とリーグ優勝を見ていただけたことが、私ができたささやかな恩返しだった。

内藤さんのような監督になりたい。今、心からそう思う。

Kuriyama's Memo

29

簡単に匙《さじ》を投げるな

人生の過程においては色々なことがある。時には善人が悪人に負けたように見えることもある。しかし長い目で見れば、善悪の区別は明確になるものだ。だから成功や失敗に関する良し悪しや善悪を議論するよりも、まず誠実に努力することだ。そうすれば公平で無私な「天」はその努力している人に微笑み、運命を切り開けるように仕向けてくれる。

選手の中には一気にスターへと駆け上がる選手もいるが、そうならない選手もいる。どんな逸材であっても、思い描いていた階段を上れないこともある。

それでも、プロ野球を簡単に諦めてはならない。年俸を下げようが、1軍と2軍を行き来しようが、もう一度と努力を重ねる。渾身の野球をフィールドで繰り広げるまで続ける覚悟を持っている選手だけが、プロ野球選手であり続けられるのだ。

プロ野球選手になったら、誰もが成功を求めトレーニングする。その手段に近道はなく、渋沢が言うように、「誠実にひたすら努力し、自分の運命を開いていく」しかないのだ。

斎藤佑樹は、デビューから順風満帆な時間だけを過ごしたわけではない。挫折し、くじけていた日々を振り返り、だからこそ1軍のマウンドで投げることにこだわっている。

私は佑樹に「のたうち回れ、ドロドロになって這いずり回れ」と言っている。佑樹の本分は「これまで」ではなく「ここから」だと思っているのだ。甲子園や六大学でスターだった佑樹ではなく、怪我をして地に落ち、そこから這い上がっていく佑樹が見たい。これこそが彼の天命ではないかと思う。

プロデビューは華やかだった。2010年にドラフト1位でファイターズが指名し、2011年に入団した佑樹は、デビューの年にローテーションの5番手として6勝6敗を上げていた。

監督に就任した私は、2012年の開幕投手にその佑樹を指名する。実は、その春のオープン戦で、私は佑樹のピッチングにまったく満足できなかった。「5回2安打無失点」という目標数値を与えたが、それをクリアできない。クリアしようとする気概が感じられない。開幕直前のゲームでも6回8安打3失点に終わり、私は「今日の斎藤の出来は0点ですよ」と記者に告げたほどだった。

それでもダルビッシュ有の抜けた穴を埋めるのは佑樹だ、と決めていた。若く安定感のある投手を育てなければ優勝はない、と思っていたし、その存在の筆頭に佑樹が立って欲しかった。

2012年3月18日、神宮球場での対東京ヤクルトスワローズのオープン戦の前、私は佑樹を監督室に呼んだ。「開幕投手」を告げるためだ。そして、前夜、書いておいた短い手紙を渡した。

《2012年　斎藤で開幕は頼んだぞ！　共にチームのために！　栗山英樹》

佑樹がその手紙を読んだ後、思いもよらないことが起こった。声を上げて泣き出したのだ。あの時、佑樹は「この人は本気なんだ」と感じたのだと思う。私自身、目前で涙を拭う佑樹を見て「こいつはやってくれる」と、胸を熱くした。

監督室を後にしようとする佑樹には、「今シーズンは1勝するのが大変だぞ」とも告げていた。各チームは投手6人でローテーションが定石で、開幕投手が何度も顔を合わせ激闘が繰り広げられることになる。

力強く「はい」と返事をした佑樹の表情は輝いていた。開幕を言い渡された彼は、間違いなく2桁勝利を目指し、そのために全力を尽くすことを心に期していたはずだった。

そして、開幕戦。佑樹は応えてくれた。

2012年3月30日の開幕戦（札幌ドーム・対埼玉西武ライオンズ戦）は9回1失点で初の完投勝利をあげるのだ。ファンが待ち望む結果をもたらした佑樹にチームは沸いた。なぜなら、それは途轍もない記録だったからだ。プロ野球の開幕戦で初完投勝利を記録したのは1962年の柿本実さん（中日ドラゴンズ）以来50年振りのことだった。パ・リーグではなんと1950年の榎原好さん（毎日オリオンズ）以来62年振り2人目。

1失点完投で西武に9対1での完勝。野手陣も「ダルビッシュがいない分、自分たちが打てばいいんですね」と納得してくれ、チームは一気に結束していった。

佑樹は野球のための天運を持った選手だ。ファイターズだけでなく球界の名投手として駆け上がって欲しい。私は佑樹の開幕戦のピッチングに胸が躍り、その興奮をなかなか収めることができなかった。そんな佑樹に私は、シーズンを180から200イニングを投げて欲しいと、思っていた。

Kuriyama's Memo

30

成功は、自分の手でしか摑めない

自分の人格形成というのは広い意味で行われるべきで、精神も知識も身体も行いも向上するように鍛錬することで、若かろうが歳を取っていようが等しくそれをするべきだ。その鍛錬を続けることで、聖人の域にも達することができるのだ。

斎藤佑樹にダルビッシュ有が抜けた穴を埋めて欲しい。

私がそうした期待をしたのは、彼が早稲田実業、早稲田大学で躍動した日々とは無関係ではない。その記録と記憶は、今も燦然《さんぜん》と輝く。何より、佑樹が18歳だった2006年の記録を手に取れば、その際立った才能が浮き彫りになっている。

出場した夏の甲子園（第88回選手権大会）、佑樹の投球は冴えに冴えていた。2回戦の大阪桐蔭高校戦では、ファイターズでチームメイトとなる中田翔と対戦し、4打数無安打3三振に打ち取る。そのピッチングは目を見張るもので、早実は26年振りに決勝に進出するのである。日本に「大輔」ブームを巻き起こした荒木大輔さんを擁した1980年以来のことだった。

8月20日の決勝戦は、甲子園の歴史に刻まれる激闘となった。夏の甲子園で3連覇を目指す駒大苫小牧高校。そのマウンドには現・ヤンキースの田中将大が立っていた。

佑樹と田中将大の投手戦は未曾有のドラマを繰り広げることになる。延長15回でも決着がつかず、決勝引き分け再試合に。1969年夏（第51回選手権大会）の松山商業高校対三沢高校戦以来37年振りの出来事だ。

翌日の再試合に斎藤佑樹は自ら先発を志願していたという。4連投にもまったく怯むことなく投げ切った彼は、最後のバッターとなった田中将大を三振に打ち取り、早実初の夏の甲子園優勝を勝ち取るのである。決勝戦で奪った三振は13だった。

ポケットから取り出した小さなタオルで丁寧に汗を拭く早実のエースは、名実ともに甲子園のヒーローとして脚光を浴びる。佑樹の残した数字がエースの証明だった。この大会での投球回は69、投球数は948にまでなり、史上1位の記録である。一大会における奪三振78は、1958年の板東英二さん（徳島商業高校）の83個に次いで歴代2位。

2007年、早稲田大学に進学した佑樹の快進撃は続いた。主将として挑んだ最後の年には、リーグ戦優勝、大学日本一という有終の美を飾る。大学4年間を通じて、東京六大学野球史上6人目となる通算30勝300奪三振を達成（通算成績は31勝323奪三振）。さらに、世界大学野球選手権大会と日米大学野球選手権大会に大学日本代表として4年連続で選出されたのは、斎藤佑樹ただ一人だった。

甲子園と六大学のスターである佑樹。彼は、華麗な学生時代の戦績を持って挑んだプロにこそ頂点があると思っていたに違いない。ファイターズに入ってからの右肩上がりの戦績を信じていたに違いない。プロで先を行くダルビッシュ有や田中将大の姿を強烈に意識していたに違いない。

しかし、結果は出ない。なぜ、どこで、歯車が狂ったのかと、答えのない問いを重ねていることだろう。

２０１２年、私が先発を言い渡した開幕で勝利した佑樹は、シーズン途中に右肩関節唇損傷と診断されてからマウンドを離れ、再び戻っても本調子を取り戻せないままだった。翌年からは怪我と不調との戦いが待っていた。２０１３年から２０１７年までの５年間で、わずか４勝しかあげられていない。

長く暗いトンネルの中を歩いている佑樹。彼の再起を信じることしかできない私も苦しかった。

苦難の時の10勝は、順調な時の20勝以上に価値がある。佑樹には、苦しみながらの１勝を重ねて欲しい。そしていつか最多勝を目指せる人になって欲しい。

私が佑樹に伝えたいのは、「自分の手で、自分にとっての幸せを掴め」と言うことだ。幸福は人に与えられるものではなく、自分で掴むものなのだから。

佑樹にはそれができると信じている。チーム内の競争はさらに激化している。けれど私は佑樹がその競争に挑み、力を尽くすと思っている。うまくやる、うまく見せる、のではなく、人として精一杯生きている佑樹が見たい。

渋沢が『論語と算盤』の中で言う「意思の鍛錬」「真の立志」を、今こそ佑樹に示して欲しいと思っている。

Kuriyama's Memo

31

「志」と「振る舞い」の矛盾に、もがいて生きる

世の中には冷酷で情のかけらも誠意もなくて、その行動も常に変わっていて不真面目な人間が、かえって社会的な信用を受けて成功を勝ち取ることがある。その逆にとても真面目で誠意があり、いわゆる思いやりのある生き方をしている人が、かえって世間から邪魔者扱いされ、落ちこぼれることはいくらでもある。天の道理は果たして正しいのか間違っているのか？　この矛盾を研究するのは、とても興味のある問題だ。

渋沢は、「志」の善悪より「振る舞い」の善悪のほうが人の目に付きやすい、と言う。口がうまく、おべっかを使う人間が世間でもてはやされたりし、逆に、耳の痛い忠告をしたり、良心的で思いやりのある人が足を引っ張られたりするのだ、と言って嘆くのだ。「なぜ天の神様は、こんな不正義を許すのか」と。

表層的に善良を装って悪意を包み隠しているなど言語道断だが、誠実さや良心を持ちながら、その行動から誤解をされてしまう人も確かにいる。世の中にはこうした例がそこここにある。

そして、渋沢が矛盾を経験することは大変興味深いと言うのは、それが人間の本質であるからだろう。

『論語と算盤』には江戸幕府の八代将軍吉宗のエピソードが綴られている。

吉宗が市中の見回りに出た際、親孝行の者が老婆を背負って寺にお参りをしていたので褒美を与えたという。ところが、普段から行いの悪い者がそれを聞いて、褒美をもらうために他人の老婆を背負って寺に参った。吉宗はそれにも褒美を与えるのだが、お側役人が「褒美を貰うために親孝行を偽っている」と待ったをかける。けれども吉宗は怒ることもなく、むしろ褒めて「真似は良いことである」と告げたというのだ。

これはなかなかの矛盾である。もはや善と悪という単純な棲み分けはまかり通らない。

プラスになればなんでもいい。動機がどこにあっても、結果として誰かが喜べば良い、という現実もある。

「志」と「振る舞い」が合致しない場面に人は必ず遭遇する。また、自分自身が「志」と「振る舞い」が合致しない行動に出てしまうこともある。

社会の中では処世術をうまく使うことも大切であるし、一方、世渡り下手と言われても無骨に自分を貫く人を非難してはならないと思う。

私は、「志」と「振る舞い」が一つでありたいと思っている。しかし、それが叶わないこともある。そんな時には渋沢のように、ぐるぐると結論の出ないことを考える。

例えば、ファンが大勢並んでいて私のサインを待っている。時間があれば何時間でも書いていたいのだが、間もなくミーティングが始まってしまう。

私の心は葛藤する。サインをしたいという気持ちに駆られ、1、2枚書いてその場を去ることもできる。が、その後ろに並んでいたファンは、ことのほかがっかりするだろう。書かないなら誰一人書かないほうがいいな、と判断した私は、「皆さん、すみません。今からミーティングが始まるんです。今日は時間がないからごめんなさい！」と声を上げる。ファンは、「あぁ」と言ってがっかりするが、持っていた色紙とペンを下げて、仕方ないといった様子で駆けていく私を通してくれる。

ミーティングルームに入り、定時に始まった会合の席に居ながら、私は先ほどの判断が本当に正しかったのか、あれで本当に良かったのかと考えていた。

大切なミーティングではあったが、ファンのために何かできたのではないか、と考えた。そういつまでも、自分を省みることになった。

人の「志」と「振る舞い」が違っていても見極めることができない。けれど、自分の「志」と「振る舞い」が違っていることははっきりと分かる。

私は自分の心を見過ごすことができない。矛盾や葛藤を抱える不器用な人間でもある。けれど、それで良いと思っている。矛盾や葛藤を抱えるからこそ、その教えに惹かれ、時を越えて渋沢栄一に出会えたのだ。

Kuriyama's Memo

32

強い組織にある、円滑なコミュニケーション

人格を高める方法は色々あるが、私にとって孔子や孟子の教えが生涯の先生だったので、やはり「忠(真心を込めること)」「信(信じ信じられること)」「孝弟(親や年長者を大切にすること)」を大切にすることが、人格を高める最良の方法だと考えている。

渋沢栄一は、青年たちに人格を磨くことを説いた。その具体的な方法としての第一は、孔子や孟子という中国の思想家が唱えた「忠信孝弟」という考え方を中心に据えること。この道徳を重視することがとても重要で、権威のある人格の養成方法だと言い切っている。

さらに、「忠信孝弟」を重視する渋沢が最高の道徳と位置付ける「仁」を身につけるため、また社会で生きていく上でも、「忠信孝弟」は欠かせない条件なのだ。

渋沢は、どんな手段を使っても豊かになり地位を得ようとする人を、またそれを成功だと信じている者を、決して認めることができないと語気を強めている。

「人格を高めるというのは広い意味がある。精神や知識や知恵や肉体や行いなどを、すべて向上するよう鍛錬することだ。これは若者も年寄りも関係ない」

「高尚な人格を持って正しい道を歩み、その後に手にした富や地位でないと、完全な成功とは言えないのである」

『論語と算盤』の言葉の数々は、自分だけ豊かになり、国家や社会、市民を置き去りにしてはならない、と繰り返す。

それらはまさしくスポーツにも当てはめられる。アスリートは、自己実現の手段としてスポーツ選手を職業にするのだが、社会や国民の期待に応えることが最大の使命だ。

だからこそ、スポーツにおいて人格を磨くことは必須だ。相手の成果を讃え、その立場を尊び、礼節とルールを持って相まみえるから「ゲーム」は成立する。

集団スポーツでは、自分だけが成功を得ようと思っても、一人で勝利することはできない。時には自己犠牲を払ってチームのために貢献しなければならないこともある。チームは、まったく別のバックグラウンドを持ち、年齢も考え方も違う選手たちが集う中で、勝利という目的のために同じ方向を向かなければならない。そこには、渋沢の説いた「忠信孝弟」、つまり良い心、信頼、先輩を立てる心が、当然のこととして必要になる。

私は良いチームになるためには、次のようなステップが必要だと思っている。

まず「イメージをする」ことだ。戦いのために、どのような準備をするのか、どのような努力をして、仲間とどのようなプレーを作り上げたいのか、自分と仲間がともに勝利するためのイメージを、いつも思い描いて欲しいのだ。

次に「人の話に耳を傾ける」こと。同じチームのメンバーがどのような哲学を有しているのか、何が好きで、何が嫌いか、どんな言葉を使うのかなど、朗らかに愛嬌を持って相手の話を聞くことができれば、そこで得られる情報は膨大だ。普段から相手の言葉を受け止めることができれば、それは意思や使命の共有に繋がるはずだ。

最後に「自らも言葉を尽くす」こと。以心伝心で臨むのも悪くはない。しかし、相手の思いを無言で鑑みるなど、実際には簡単ではない。また勝手に思い込み、互いに思うことが少しでもずれていれば、不安や不信感が生まれ、ゲーム中ならば戦術ミスにも繋がる。だから、自分の言葉で誠実に思いを伝えられるようにならなければいけない。もちろん、思いを伝えるためには話しやすい環境作りにも心を砕かなければならない。

最初の思い描いたイメージは、聞くこと、話すことの際にしっかり伝え合うのである。

若い投手が悩み、口にしたある言葉が私の耳に入った。

彼は「サインに〝ノー〟と首を振りたいんです。でも、大先輩に首を振るのは、やっぱり気が引けます」と言うので、私は「そんなことで打たれてしまったら、本当に後悔してしまうよな」とその選手に話をした。

普段から捕手である先輩を立て、その話を聞き、自分の思いを話しておけば、サインに対し首を振った瞬間に通じるはずだ。

もし、先輩捕手が嫌な顔をして「首振りか……」と言ったなら、その時には自分のやりたい野球、投げたいボールを今一度しっかりと伝えなければならない。「イヤー、先輩、おれの投げたいのはこのボールだったんです！」と、愛嬌を持って話せば良いのだ。普段からの朗らかな関係があれば、反目などするはずがない。

渋沢の重んじる「忠信孝弟」は、ファイターズのチーム作りの機軸でもある。

Kuriyama's Memo

33

精神や身体、知恵や知識、行いを日々鍛錬すべきだ

私はすべての人に、絶え間ない勉強を望むのと同時に、日常の様々なことに注意を怠らないことを心掛けるべきだと訴えたいのである。

渋沢栄一の訓言集にこんな言葉がある。

「天より人を視れば、皆同じく生みしところのものである」

天空から見下ろせば、人間は皆平等に生まれついた存在だ、という意味だ。今の私には、この一文が理解できる。大いなる自然の中で、人は生まれ死んでいく。そこに例外はなく、だから人は皆平等なのだ。

けれど、プロ野球選手になったばかりの頃には、人はなぜこんなにも不平等なのだ、と怒りにかられていた。大きな体躯を持ち、野球の神様が最高のプレーをさせるためにこの世に送り込んだような素晴らしい選手が、私の周りには大勢いた。

なんとかプロになった私は、気を抜けばすぐに戦力外のボーダーラインに上がる選手で、こんなに野球を愛していても天賦の才を持った選手の足下にも及ばない、と心のどこかで不平を嘆いていた。だが、2軍の内藤監督の特訓で、人はやるかやらないかなのだ、ということを胸に刻み込んだ私は、生まれ変わっていった。

夢想するだけでは、何の解決にもならない。渋沢が『論語と算盤』の本文に何度も掲げたように、自分を磨き、理屈ではなく現実に行ってこそ叶う。それを20代前半に体感できたことは、私の人生にとって大きなことだった。

理屈ではなく、即実行。ヤクルトの1軍定着のためのチャレンジだったスイッチヒッターへの転向だ。それは自分を鍛え抜く格好の機会だった。

1年目のシーズンオフ、秋季キャンプで1軍選手と合流した私は、内野手から外野手への転向を告げられていた。私に選択肢はなく、もちろん了承する。2年目、1軍でプレーできる可能性があるなら、どんな望みにも賭けるつもりだった。

そして、バッターとしても生き抜くための挑戦が待っていた。

Kuriyama's Memo

34

挑戦し続けることでしか、自分を高められない

自分磨きは理論ではなくて、実際に行うべきことだから、どこまでも現実に起きていることと密接な関係を保ちながら進めなくてはいけない。

ミスターヤクルトと呼ばれたベテラン選手、若松勉さんが選手兼任の打撃コーチとして秋季キャンプに参加しており、毎晩、私のバッティングを指導してくれていた。

いつものようにバットを振っていたある夜、突然に、「栗、最後に左で振って練習を上がろうか」と言って、右打ちの私に左打ちのスイングをうながしたのだ。私は、若松さんの言う通りゆっくり振り抜いて、練習を終えた。

するとそれを見た若松さんは、「きれいなレベルスイングだな。右打席ではスイングの軌道が波打っていたのに。左はとても良いな」と言って、私の左スイングをことのほか褒めた。私には左打席の経験はなかったので、変な癖が付いていなかったのだろう。

そして若松さんは「栗、お前今いくつだ」と私に問い掛けた。

「23歳です」

「……そうか」

若松さんは考え込み、次のように続けた。

「後3年早かったらなぁ。惜しいな。」

「どういう意味ですか?」。そう聞いた私に若松さんは説明してくれた。

「栗は、スイッチヒッターになれたかもしれないな、と思ったんだよ。」

スイッチヒッターとは、利き腕に関係なく、右でも左でも打てるバッターのことだ。

投手の利き腕に対し逆の打席のほうが打者にとって有利とされる。スイッチヒッターであれば、投手が右投げの場合は左打席に、左投げの場合は右打席に立つことができる。また、左バッターボックスのほうが一塁に近く内野安打での出塁にも有利だ。右利きの選手が早くから左打ちに転向するケースも多い。イチローも松井秀喜も、右投げ左打ちである。

右打ちの私が左打ちになれば、さらに足の速さを活かし、出塁率を上げられるかもしれない。そう思ったが、若松さんは首を振った。

「お前が今20歳ならな。時間が足りないな。今からスイッチヒッターに転向することは難しいよ」

どんなことでもその可能性に賭けたかった。「やらないでダメ」より、「やってダメ」を選びたかった。

「死にものぐるいでやります。左打ちの指導お願いします」。翌日の練習の時、私はそう願い出た。若松さんは少し考え「分かった、やってみるか」と言ってくれた。すぐに若松さんが土橋監督へ「栗山をスイッチヒッターにする」と言い、練習の許可も取ってくれた。

若松さんとの特訓は一日も休まず続けられた。バットを握った手が腫れて皮が剝けたが、それでも休みたくなかった私は、包帯を巻いて練習を続けた。

2年目のシーズンは2軍スタートだったが、イースタンリーグでは左打ちを重ねていった。ジュニアオールスターに出場し、プロの華やかさにも触れた。

3年目のシーズン、私はついに開幕からの1軍入りを果たした。

5月末に、土橋監督から翌日スタメン出場と告げられた時には、内藤監督と若松さん、家族、そして世話になった人たちの顔が思い浮かび、ぼんやりとしていた。

「一番　レフト　栗山」というアナウンスを聞いた時には、全身の細胞が泡立つほどの喜びを感じた。左バッターボックスでバットを握る手は何度も皮が剝け、鋼鉄のように固くなっていた。その掌を見て、私は本当にプロになれたのだと、深く息をついた。

3年目のシーズン、私は107試合に出場し、72本のヒットと4本のホームランを打った。打率も3割を超えた。挑戦し続けることでしか自分を高め強くすることはできない。29歳で引退するまでの間、それが私の信条だった。

私をスイッチヒッターにしてくれた若松さんは、ファイターズの監督になった私に会うと目を細めてこう言ってくれた。

「栗、あの頃が懐かしいな。1年ちょっとでスイッチヒッターになって、センターのレギュラーポジションも取ったな。お前はこうやって監督になるんだもんな。人生は分からんよな」

30年を経て掛けてもらった若松さんのこの言葉こそ、何にも変えがたい私の勲章だ。

Kuriyama's Memo

35

監督に必要なのは、思考の「素振り」だ

大切なのは普段の心掛けなのだ。これは医者と病人の関係のようなものである。普段健康に気を付けないで、いざ病気になったら医者に駆け込む。医者は病気を治すのが仕事だから、いつでも治してくれる、そんな考えは大間違いだ。医者は多分、「普段から健康に気を付けてくださいね」と助言するに違いない。

野球を教えるのはコーチの仕事だが、監督が野球を教えることについては、賛否両論がある。例えばヤクルト、西武で監督を務めた広岡達朗さんは「監督が野球を教えなさい」と言っている。一方、西武、ダイエー監督を務めた根本陸夫さんは、「監督は野球を教えるな、選手自身に気付かせろ」と言う。

選手はずっとバットを振っている。今、この瞬間も素振りをしている。1本でも多くのヒットやホームランが打てるように、素振りというシンプルな動作を反復するしかない。では、監督の私にとっての〝素振り〟とは何か。それは、人としての学びだ。選手が悩み、また私に問い掛けるなら、それにいつでも応えたい。だから学べると思えば、どこにでも行く。だが私の学びはプロ選手の素振りに比べればまだ拙劣であり、全然足りない。監督になって以後、自分がいかに〝未熟在〟であるかを意識する日々であった。人に会って話を聞き、本を読み、歴史を追想し、自分が野球に抱いている思いは正しいのか、選手へ投げ掛けた言葉と向き合い方は間違っていないのか、と思いを巡らせる。思い尽くしても完璧な正解などないのだが、考えることを止めれば、監督としての覚悟を放棄したことになる。逃げることだけはできないと思う私は、また自己の未完成を思う。

「未徹在《みてつざい》」という禅の言葉に出会い、心惹かれたことがある。この禅の言葉である「未徹在」は、東大寺の北河原公敬さんから教えていただいた。鎌倉時代中期の僧侶である一遍が、宝満寺の法灯国師という高僧の前で和歌を詠んだ際、戒めを込めて投げ掛けられた言葉だと、後に学ぶことになる。

「未だ徹しきれず、未だ到達できず」私の思いにぴったりの言葉だった。毎年元旦に書き記す「目標」の一行目に「未徹在」と書いたのは2015年だ。この年に出した本のタイトルにも「未徹在」と付けた。未徹在であるからこそ、成長を求め頑張れる。時には人に助けを求め、深慮して、人生を深めることができる。2016年日本一への気持ちのスイッチは、この言葉によって押されたと言っても過言ではない。

私のこれまでは失敗の連続だ。だが、だからこそ得ることがある。未熟な私は成功から「1」を学ぶなら、実は失敗からは「99」を学んでいる。

選手たちには、目を背けたくなるような失敗こそ、最高のテキストだと知って欲しい。痛みとともに得た学びこそ、血肉になると感じて欲しい。未熟であることを意識し続けることが、すなわち成長の条件である。

Kuriyama's Memo

36

選手が一番輝ける場所を、常に考えるべきだ

私はどこまでも、渋沢の心を持って自分と一緒に進んでいく人間と向き合っていくのである。この人を利用して自分の勢力を作り上げていきたい、なんていう私心は微塵もない。ただ、私の素直な気持ちは、適材を適所に得たいということだけである。

プロ野球のチームは、家族のようなものである。お互いを思いやり、それぞれが感激を持って日々を過ごせることを願っている。監督は家族に例えれば家長である。一人一人の選手がその才能を活かし、人生においての豊穣の時を迎えられるよう、力を尽くすことに躊躇などあるはずがない。

しかし、プロ野球のチームは選手が集う前提として「勝利」という大義がある。優勝を目指すチームの選手たちは、それぞれに役目があり、その役目が果たせなければ、存在の意義を失うのだ。

縁あってファイターズに名を連ねた選手への思いは、ベテランだろうが新人だろうが、1軍だろうが2軍だろうが、私にとっては微塵も差異がない。彼らが成長すること、その人材に尽くすことが私の人生だ。そして、彼らが持っている力を発揮するための方策を考え抜いている。

スターティングメンバーや投手のローテーションを考え、怪我を負った選手を心配し、新人選手の獲得や補強に力を注ぐ。適材を適所に置くことが私の仕事なのだ。

だからこそ、選手をチームから切ることもある。ファイターズで適所に置くことができないと判断したなら、私は他の道を提示しなければならない。FA権を持つ選手に「チームから出て行け、お前のためだ」と言ったこともあるし、「お前をゲームで使ってあげられない。それが今のチームの現状だ」と正直に話したこともある。

家族の絆を持った選手にそうした言葉を伝えるのは辛い。私はとても感情的な人間なので仲間と離れたくない、と寂しさが込み上げる。しかし、選手の前途を思えば、冷静に選択肢を示さなければならない。

福岡ソフトバンクホークスに移籍した捕手の鶴岡慎也がそうだった。2013年、FA権を持った彼に、「違うチームで挑む道もある」と告げていた。それが鶴岡にとってベターだと思えたからだ。寂しくきつい決断だったが、選手第一の私にとって迷いはなかった。そして、その鶴岡が再びファイターズに戻ってきた。私にとってこんなに嬉しいことはない。

渋沢が言う通り、選手を道具にして自家の勢力を築こうなどという私心は、少しも持ち合わせていない。選手が輝く最良の場所を、今日も考えている。

Kuriyama's Memo

37

自分の理想を、下の人間に押し付けない

孝行というのは親がさせてくれて、初めて子どもができるものである。だから子どもが孝行するのではなくて、親が子どもに孝行をさせるのである。

『論語と算盤』には、渋沢栄一の父、渋沢市郎右衛門元助のことが度々登場する。市郎右衛門元助は、武蔵国榛沢郡血洗島村（現在の埼玉県深谷市血洗島）の豪農で農業や養蚕、藍玉を広く手がけていたという。１８４０年（天保11年）その長男として栄一は生まれた。6歳から『論語』や『蒙求』を教科書にして手習いを始めた栄一は、稽古を始めた神道無念流の剣術にも秀で、いわば文武両道の神童だった。

修身、剣術、習字を学びながら家業の農業にも精を出す栄一。18歳になった息子に父である市郎右衛門元助はこう思いを伝える。

「どうもお前には、私と違うところがある。本を読ませると良く理解し、また何事にも頭が回る。私の思うに、ずっとこのままお前を私の手元に置いておき、私の言う通りにさせたいのだが、それはかえってお前を親不孝の子どもにさせてしまうから、私は今後、お前を私の言いなりのような存在にせず、自由にさせることにした」

父の言葉を胸に生きてきた渋沢は、「親孝行とは、親がさせてくれて、初めて子どもができるものだ。子が孝行をするのではなく、親が子どもに孝行させるのだ」と言い切る。

常識にある親孝行とは、まったく逆の概念だ。渋沢は、「私が親不孝にならずにすんだのは、父が親孝行を強いることなく、大きな心で私に向き合い、私が思うまま道を進ませてくれた賜物だ」と、続けている。

この文章を目で追いながら、私は父のある言葉を思い出していた。何か自慢話のようで恐縮ではあるが、事実なので伝えると、父は家族や親戚に「英樹はあなたの作品ですね」と言われていたという。その言葉を聞いて、自分の今までの人生は、努力ではなくて、父がそうさせてくれたのだと今振り返ると思う。

昭和の高度成長時代に働いていた父は、懸命に家族を養いながら、私に野球を教え、たくさんの本を買い与え、スポーツに没頭する日々を見守り、人としての道を叩き込んだ。

小学校1年で入った少年野球チームの監督が父だった。3歳上に兄もいたが、父は私にだけ飛び抜けて厳しく、容赦がなかった。次男で自由奔放だった私に、〝ルール〟を教えるために野球をやらせたのだ、と後に話していたが、震え上がるほど怖い監督の下でも、私にとっては野球が何より心を躍らせるものだった。

プロ野球選手になりたいという思いは抱いていたが、野球でも中学でやったバレーボールでも怪我を負っていた私にとっては、難しい現実であることも否めなかった。

高校では本格的に野球に取り組み、甲子園を目指したい。そう考えた私は原辰徳さんがいた東海大相模を目指しセレクション（選抜）を受ける。合格した時、15歳の私の前に父が立ちはだかった。怪我で野球の道を絶たれたらどうするのか、その時のことも考え進路は選ばなければならない。そう言われた私は、心が揺らぎ、進学校を受験した。

野球を続けながらも、私はプロ野球の世界と自分の人生は隔絶したと諦めていた。野球部ではあったが、そのレベルは次元の違うものだった。

18歳で国立大の教育学部に進学し、塾で講師のアルバイトをしたことから、教師という職業を思った。父の夢でもあった教師になることに、私自身も異存はなかった。

ところが大学3年になり卒業後の人生を考えるようになると、私の中でプロ野球選手への思いが燃え盛っていった。中学も高校も、父と母が安堵する進路を選んだ。それを自分も納得しているはずだった。しかし、このままでは取り返しの付かない後悔をすることになると、心の中の私が叫び出したのである。

プロ選手など排出したことのない学芸大学の野球部員だった私は、知り合いを介して頼み込み、西武ライオンズとヤクルトスワローズのテストを受けることになった。そして、これはもう「奇跡」と呼ぶしかないヤクルトからの合格の電話を受ける。

私は両親にヤクルトのテストに合格したことと、ヤクルトに入団すると告げていた。

私は烈火のごとく怒る父の姿を想像していた。3歳年上の兄は、私と同じ大学を卒業して教師になっており、両親は弟の私も兄と同じ道を歩むと信じていたのである。

しかし、私の予想は覆る。父は静かに私のプロ行きを認めてくれたのである。「英樹の人生なのだから」と言って、それ以上何も言わなかった。

プロで大怪我をしたら終わりだから、とおろおろする母には「3年だけ」と言って猶予をもらった。3年後に1軍でプレーすると、母もあの日の選択は間違っていなかったと思ってくれていたようだった。

父は、あの日以降、私が2軍にいても、どんな成績であっても、やがて引退を決めることになっても、何一つ苦言や忠告めいたことを発することはなかった。何もないところから自分の人生をコツコツと切り開き、自分のやり方で歩んだ私を黙って見守ったのである。

私自身は、渋沢のような親孝行ができたとは到底思えない。けれど、父は、異端のプロ野球選手となった息子を矜持として晩年を過ごしてくれたのではないかと想像している。監督としての私を父は知らない。私は父と過ごした子どもの頃の記憶を手繰《たぐ》り、その言葉や表情を思い起こしては、人を育てるとは、ということを思っている。

親が「私の思い通りになれ」と強制しても、そうなれない子どもはその時点で親不孝の誹《そし》りを受ける。プロ野球に当てはめれば、監督が選手に向けて「私の思い通りになれ」と思った瞬間に、その選手は、そうならない選手になる可能性を秘めてしまう。

選手の未来を思い描くこと、チームでの役割を示し托すことは監督の仕事だ。けれど、監督の思い通りの選手が最高のプロ野球選手ではない。私は、自由に志を立てることを見守れる存在となれればいい。

第4章

強い組織作りは『論語と算盤』に学べ

Kuriyama's Memo

38

「人は平等」であることを意識する

この世は持ちつ持たれつで成立しているから、自分もおごらないように、相手も侮ることなく、互いが許し合ってほんのわずかでも離れることのないように私は努力している。

『論語と算盤』にある〝渋沢栄一の流儀〟には、読む度に驚いて、思わず感嘆の声を上げてしまう。

渋沢は孔子の『論語』を読み耽り、その教えのままに行動し、仕事をした。どんな批判や誤解があろうと、自分の信じる主義に従っている。渋沢はこう言ってのける。

「自分の地位や財産、子孫の繁栄などは二の次で、国や社会のために尽くすことを第一に考えている。だから人のために善いことをしようと心掛け、人の能力を見極めてそれを適所に用いたい、という気持ちが強いのである」

こうした一本気で清爽な魂の持ち主であるから、江戸から明治へと移り変わる激動の時代に、資本主義の一大構想を掲げ、躊躇なく実行に移すことができた。日本が欧米列強と伍して凛とした国家であり続けるために、日本初の銀行設立や株式の導入、民間企業の設立など、一大イノベーションを起こした。つまり渋沢は、国という組織を最強のものとするため怒濤のエネルギーで社会の変革に取り組んでいったのである。

一方で、渋沢は資本主義=利益の追求とは別に、福祉事業にも力を注いだ。関与した「非営利活動団体」の数は約600と言われ、設立に関わった企業約500より、数が多い。

威張らず、けじめや礼儀、譲り合いの心を持ち、徹頭徹尾「人は平等である」と言う心を持って人と接している。同じ国、同じ会社、同じ組織にあったなら、互いが信頼し合うことで仕事がはかどり、発展に繋がることを、渋沢は何十、何百と経験したに違いない。組織に階層や役職はその役割を示すものとして必要だ。私もファイターズの監督としてチームの全責任を負う立場にある。チームが勝てば選手の力だが、負ければそれはチームの監督である私の責任であり、そこに何の言い訳もない。

勝利を得るために選手と多くの時間を過ごす。そのシーズンが終わるまでのおよそ10カ月、同じ時の流れの中で強い野球、美しい野球を目指すのだ。人が集えば礼節や年長者を敬う姿勢は大切だ。しかし私と選手の間に壁はない。完全にフラットなのである。

いつの時代も壮年者が「最近の若い者は」と言う。だが、最近の若者だけがそう揶揄されているわけではない。「最近の若い者は」と言う当人も、かつてはそう言われる側だったはずだ。その循環過程は何百年と続いているのである。もしかしたら、有史以前から人にはそうした意識があったのかもしれない。

こうした隔絶意識は監督に就任した時に完全に封印した。元々そうした意識は低かったが、選手やコーチとは、一人の人間として向き合うことを基本にしている。私と選手たちの会話に禁忌《タブー》はない。自由闊達《かったつ》に話して理解を深め、彼らが気付くまでいつまでも待つことができる。

監督に就任した後、いつの頃からか私はこう思うようになった。人生の最大の喜びは、選手の幸せそうな顔を見ることである、と。

軋轢《あつれき》のない環境には会話が生まれ、そこには組織のための知恵が生まれる。私は、若い選手の言葉を受け止める瑞々しい心を、どんな瞬間でも持ち合わせていなければならない。

Kuriyama's Memo

39

適所に人を置き、その場所で個性を磨く

あの木下藤吉郎（豊臣秀吉）は身分が低い場所からのし上がって、関白という地位まで上り詰めた。だが彼は織田信長に養ってもらったのではない、自分で箸を取って食べたのである。何か仕事を一つしてやろう、と思う人間は、自分で箸を取らなくてはいけないのだ。

プロ2年目に訪れた体の異変が、現役生活をあんなにも短くするとは思ってもいなかった。私がプロとして過ごした時間は、すなわち、壮絶な目眩《めまい》を引き起こす「メニエール病」との戦いでもあった。

原因不明のこの病を克服しなければプロでいられない。私は祈るような思いで病院に通い、1軍でのプレーを続けようと躍起になった。オフになると入院した。耳の中に注射を打ち、平衡感覚を司る三半規管の機能を一時的に麻痺させるという治療は、常に酷い目眩に襲われることであり、私は長い時間をベッドの上で過ごさなければならなかった。

私のプロ入りを「体が小さいから」「怪我をしたらどうするの」と言って心配していた母は、ほら見たことかと内心は思っていたに違いない。看病しながら、このままプロ野球の世界を離れたほうが良いと思っていただろう。

しかし、病が治りさえすれば1軍でやってみせると胸を希望で満たしていた私は、どんなことをしても克服するのだと信じて疑わなかった。

人生の夢であったプロ野球選手。摑んだ夢を決して手放したくはなかった。それに私には、報いなければならない恩があった。私を1軍へ上げるために特訓してくれた内藤監督や、スイッチヒッターにするために時間を費やしてくれた若松さんや、1軍デビューさせてくれた土橋監督や、1軍スタメンに据えてくれた関根潤三監督、そうした人たちを失望させたくない、良いプレーをして喜んでもらいたいと、心から思っていたのである。

プロ6年目、私は開幕から中堅手のレギュラーに定着した。ルーキーの笘篠賢治が1番に着いたことで2番に回った私は、自分に課せられた役目を果たし、37の犠打を放った。

野球ができる喜びは前にも増して大きくなり、それは好調に繋がって、打率も3割以上に跳ね上がる。けれどもやはり、私の体は悲鳴を上げた。夏を前にメニエール病が再発するのである。先発を外されることも、7番・8番に打順を下げての出場も多くなった。

結局この年は目指していた打率3割には届かず、2割5分5厘に終わった。初めて規定打席に達したことだけが自分に小さな満足をもたらした。

ところが、シーズンオフにサプライズが待っていた。外野手としてゴールデングラブ賞に選出されたのである。この年引退した若松さんと、勇退した関根監督への感謝の気持ちが小さくても形にできたことが嬉しかった。

ゴールデングラブ賞の瞬間がプロ野球選手としての頂点であることを、私は間もなく自覚する。メニエール病の症状はさらに悪化し、古傷の右肘痛にも悩まされ続けた。私は、自ら引退を決意した。

メニエール病で欠場し、レギュラーを失った私に、ヤクルト球団の幹部は、「辞めさせないぞ」「一年休んで治療すれば良い」と慰留してくれた。その言葉は有り難く、現役への未練もあった。だが、決意を翻すことはなかった。引退を誰かに決められるのではなく、自分で決めたかったのである。

現役最後のゲームは対横浜大洋ホエールズ戦だった。9回に代打を告げられ、ネクストバッターズサークルで打順を待っていると、私の前の打者が内野ゴロでダブルプレーになり、私の現役生活は終わった。

すぐにスポーツキャスターとして野球の現場へ戻った私は、取材者としてひとかどの者になりたいと願い、気が付けば21年が経っていた。現役の3倍もの時間を過ごすことになったのである。もちろん、その時、半世紀を生きた自分に、監督はおろかコーチの経験もない私に監督のオファーが届くなど、夢にも思わなかったことは言うまでもない。

私は、7年の現役生活とその終わりを思い起こす。決してカタルシスを求めているからではない。そこにはあるプロ野球選手、その周囲を取り巻く人たちの真実があるからだ。私は、今はっきりと自覚している。不甲斐ない、けれど命を燃やすようにして野球に打ち込んだ7年間は、現在に繋がっていると思えるのだ。

私は、プロ野球選手になるべきではなかったのだと思う。本来、私の体では、激闘のシーズンを過ごすことはできなかった。それでもプロ野球の世界に飛び込んだのは、このスポーツが心を捉えて放さなかったからだ。

1軍でも2軍でも、ファイターズの選手と向き合う時、私はまずそのことを考える。彼らは、野球に魅了されている。それぞれの人生があり、それぞれの価値観があり、資質がある。立場や状況は違えども、「野球を愛する」という一点では固く結ばれている。

勝利を目指す原点はここにある。野球ができる喜びと感謝はそのまま目標に立ち向かう強さに繋がるはずである。監督の私は、日々そこに立ち返る。私が折に触れ「情熱」「愛情」を唱えるのは、これ以上の信頼はないと思うからだ。

私は監督がどんな存在か、プロになって初めて知った。経験とデータ、時には直感を活かして勝利のためのロードマップを描き、辿る。そして、素晴らしい投手の、素晴らしい打者の、素晴らしい野手のプレーの数々を観察することなのだ。それは、すべてノートに記した。目を見張る技術や思考、強靭な肉体とその個性について、それぞれのチームの特徴、監督の采配、様々な場面での選手たちのスキルと心理など、夜を徹して文字に綴り、野球というゲームの深遠さに一人で感激したものだった。

野球には潮流があり、選手のポテンシャルもまた時代の推移がある。当時のデータや感想は今の野球にスライドできるものではない。だが、普遍的で妥当性のある野球の真実と、監督と選手たちのほとばしる野球への熱情は、監督となった私の中に生きている。

私自身は、1軍と2軍のボーダーラインにあった選手で、学生時代からチームの主軸であった選手とはメンタリティが違う。野球の申し子のようなスター選手は、自分のスタイルを持ち、記録を目指し、自らの価値に対価を求めていく。私は、そうした選手の脇にいて、自分とは違う存在に憧憬し、自分とは何かを見つめ続けた。

ファイターズにも私が憧れた選手と、プロ野球選手であるためにでき得ることのすべてを厭わない選手が存在する。私は勝利のためにその双方を駆使するが、自分の心をスライドさせれば、即座に後者の思いを共有することができる。圧倒的勝者ではない私の経験はチームを築く上で不可欠だと感じている。自分の個性を磨き、それを野球で表現することに喜びを感じる選手がいるからこそゲームは面白い。

渋沢栄一の『論語と算盤』にある「何か一つ仕事をしようと決心する人は、自分で箸を取らなければダメなのである」という言葉に触れた時、私はとにかく、箸だけは取った、と思っている。野球というご馳走を前に、ただ指を銜《くわ》えて見ているだけでなく、自分で箸を持ち食べることを試みた。

渋沢の訓言集の中には「尽くすべきことを尽くしたら、その先の運命は天命に委《まか》せよ」という言葉もある。私の現役の7年間は、尽くすべきことを尽くした時代であった。これが、この使命に繋がっていたのなら嬉しい。

Kuriyama's Memo

40

いかに「私」をなくして、取り組めるかが大切だ

単に自分の財産とか地位とか子孫の繁栄などは二の次にして、国家や社会のために尽くすことを第一に考えている。だから、人のために工夫していいことをするように心掛け、人の能力を見付てそれを相応しい場所に使いたい、という気持ちが強いのである。

「おれの責任」

「おれのせい」

「おれが悪い」

ゲームの後、会見で、何度この言葉を発したことだろう。

2016年に10年振りの日本一に輝いたファイターズは、1年後、5位に沈んだ。惨敗と言う他なく、省みる言葉もなかった。

左太もも裏肉離れで大谷翔平が離脱したことも、4月に10連敗したことも、有原航平や中田翔という投打の主力が苦しんだことも、斎藤佑樹の苦しみも、60勝83敗と大きく負け越したことも、首位ソフトバンクに34ゲームという大差をつけられたことも、監督である私の行いの結果なのだ。

だから、「おれのせい」は、負けゲームの決まり文句などではなく、とにかく自分を反省している言葉だった。それ以下でもそれ以上でもない。

勝てないことには理由もあった。チーム再生のために、ありとあらゆる手を打ったからだ。9月にクライマックスシリーズが無理だと分かると、私は来シーズンのことを考え、行動に出た。選手にもこの最中に来期へ目を向けさせたいと思った。

シーズンを前にすれば、やらなければならないことは山のようにある。チームは、シーズン中に2度の大きなトレードを行った。長らくチームを支えてきた2人のベテランの引退も決めた。もちろん、チームには、翔平がシーズン終了後、ポスティングシステムを利用してメジャー移籍することへの覚悟の共有も必要だった。

どん底のシーズンを戦いながら、私は半年後の春を思い描いていた。目の前の戦いを放棄しているのか、と批判を浴びるのも覚悟の上だ。先回りして準備し、次のシーズンには選手が一回り二回りもでっかくなるための課題を並べた。

ゲームと同時進行で着手する、来シーズンのチーム構想。私は昼も夜も必死に動いた。

「組織は、リーダーの器以上にはならない」とよく言われているが、どんなにチーム刷新の準備をし、選手に課題を与えたとしても、リーダーである私の力量や器以上には育たない、ということだ。

つまり、今年の5位も私の力量や器のせいだったのだ。そう気付いて身震いした。ゲームを戦い、来期の準備をしながら、私はもう一つ課題を立てた。監督とは何かを、もう一度突き詰めることだった。

他人のことは分からない。しかし、私が思う監督のあるべき姿とは、「自分のことは滅して、人のために尽くしきれるかどうか」ということだ。私にとって有益か無益か、という思いが少しでもあってはならない。「偉い人」であってもならない。

私が思う監督の理想は、マネジャーだ。監督は絶対的な指導者などではなく、選手をどう起用し、どう伸ばし、どう羽ばたかせるかをマネジメントする職人だ。私は選手起用・戦術のプロとしてその技を磨き続ける。MLBでは監督のことを「フィールドマネジャー」と呼ぶではないか。

私利私情を持たず、選手のために働くことを目指すことが、私の目指す道なら、私は選手とともに力量や器を大きくしていけばいい。選手と競い合って成長し力量を増やしていくことができるのか、と己に問い掛けると、答えはイエスだった。むしろ、足りない私には伸びしろがまだある、と考えた。

そう思えた時、私はこのままひた走ることを決めた。

渋沢の言うように「こうしたい、ああしたい」と本気を尽くすだけである。

Kuriyama's Memo

41

見えない未来を信じろ

「人は棺を蓋《おお》って後、論定まる（人間の評価は、その人が死んでから決まるものだ）」という古い格言から見ると、人をどういう基準で判断するか、標準を定めることが必要だと思われる。

人はなぜ、見えないものを否定するのか。どうして、そこにあるかの可能性を信じないのか。特別な才能の炸裂を待ち望まないのか。大谷翔平の二刀流が、どうしてこれほど否定されるのか。私はそのことを考え続けていた。

もちろん、身体にかかる負荷もあるだろう。ピッチャーとバッターでは肉体の使い方や技術が違うことは百も承知だ。プロ野球界において、前例がないことに挑むことへの危惧を抱く者もいるだろう。しかし、誰一人としてその天賦の才を否定しない18歳の青年が、心を決め、〝二刀流〟に挑もうとしているのだ。

だから、私たちが最初にしたことは、二刀流への批判や否定的な意見をとにかく聞いて、そこに起きうるであろう心配事を一つずつ潰していった。それを繰り返し翔平が二刀流である環境を作ることこそが、私やスタッフの仕事だった。翔平が二刀流である環境を整えることに、迷いや怖れは微塵もなかった。

それとはまったく別に、私にはある思いがあった。それは夢に向かって走っている18歳の青年の胸にある特別な熱だけは奪ってはならない、ということだ。その彼の志を決して失わないで済む世界を築くことが、私の使命であった。

それは、翔平がルーキーとしてリーグを戦った2013年のことだった。

翔平の二刀流について私やチームスタッフが初めて話題にしたのは、彼が3年生になる春の選抜高校野球が終わった時だった。スカウトディレクターの大渕隆やコーチ陣が「花巻東の大谷を使うなら、打つか、投げるか、どっちでしょうね」と言い、その可能性について熱く語った。意見が飛び交う中で、最後は「どちらでもできるはずだ」と、皆が口を揃えた。

私は、翔平のような「世界にただ一つの素質・能力」の形や枠を簡単には決めてはならない、と思っていた。大谷翔平は壁や仕切りや天井のある場所においてはならない。決められるのは、野球の神様だけだ。

しかし、ドラフト会議を前に指名選手を確定していく中で、その後の起用方法を具体的にシミュレーションしないわけにはいかなかった。大谷翔平だけではない。指名するすべての選手について、獲得できた場合の起用法・育成方を決めておかなければならない。

その指針は二つ。一つ目はどのような起用法・育成法が選手にとって最良のものなのか、ということ。二つ目は、チームにとって最良の起用法は・育成法は何か、ということ。

これらは吉村GMが打ち出し、彼は現場で実際に起用・育成する私を常に支え続けてくれている。私は、選手のためになることがチームのためになる、という考えなので、それは指名1位の選手でも6位の選手でも変わらない。

ドラフト戦略会議を重ねる中で、翔平の指名については多くの時間を割くことになった。

獲得できた場合の話以前に、まず、大谷翔平を指名する覚悟が必要だったからだ。

翔平は夏の甲子園が終わった直後から、プロになっても二刀流でいくことを望んでいると語った。さらに、日本プロ球界のみならずメジャーからも入団オファーを受けていた。ロサンゼルス・ドジャースやテキサス・レンジャーズ、ボストン・レッドソックスとの面談のニュースが報じられ、翔平本人がメジャーリーグ挑戦への明確な意思表示をしていた。

会見で「マイナーからのスタートになると思うけれども、メジャーに挑戦したい気持ちでいる」と言い、指名されても日本の球団とは交渉するつもりがないことを語っていた。

それでも、私たちは大谷翔平を第1位に指名するということからぶれることはなかった。異例ではあったが、ドラフト前に私自身が「大谷君には本当に申し訳ないけれど、指名をさせていただきます」とコメントしたのである。

そうした渦中にあった私たちは、ドラフト前夜まで翔平の入団後の起用法について語り合った。ごく自然に、違和感なく、全員が「ピッチャーとバッター、両方でやらせてみたらどうだろう」と語り合ったのである。

できるか、できないか、ではなく、大谷翔平にならば絶対にできる、という思いが、私たちの中で固まっていた。

ドラフト会議を経て交渉し、日本ハムファイターズの一員になった大谷翔平は、201

3年6月1日、札幌ドーム・対中日ドラゴンズ戦（交流戦）で初勝利をあげた。翔平にとっては2度目の登板だった。ゲームが終了し取材が終わって監督室へ引き揚げると、その前で待っていてくれるフロントや球団スタッフと挨拶を交わす。

翔平の初勝利に皆が笑顔で興奮を隠せない。その中の一人が「ナイスゲーム」と言って、こう続けた。

「今日のゲームの意味が本当に分かってもらえるのは50年後かもしれない。でも、監督、50年後に翔平の二刀流は、このゲームは、必ず歴史になります」

監督室でパソコンを開き、ゲーム後の習慣である記録ノートを付けながら、私は思わず声に出していた。

「50年後か」

半世紀後の未来を示した、吉村GMはじめ球団やコーチとともに、この道をまた歩いていくのだと思った。

翔平の挑戦の真価が球界で理解され、金字塔となるまではまだ時間がかかる。けれど、野球の未来を築いている翔平のなんと頼もしいことか。

初勝利を上げた翔平と、疑うことなく彼に二刀流を許した球団やコーチを誇りに思い、その気持ちをキーボードで打ち綴った。

Kuriyama's Memo

42

何があろうと、メンバーが持つ才能を信じる

リーダーの立場に立つ人間は、広い視野と強靱な意志を持たなければならない。なぜなら、その任務は重く、行く道は遠いからだ。

スポーツの世界で、もしも、の話は意味がない。文学や芸術なら、もしもあの時、という思いが新たな作品を生むのだろうが、アスリートや監督、コーチが、もしもあの時と思い続け、現実から逃避すれば、それはもはや「負け」である。しかし、体が痺れるような勝負の分かれ目を経験し、ゲームを繰り返していると、時には、もしも、と考え、思う存分想像の翼を広げて心の緊張を解くことがある。

もしもあの時、と真っ先に振り返るとしたら、ファイターズが日本一になるための分水嶺となったゲームだろうか。2016年7月3日、対福岡ソフトバンクホークス戦。

「1番・ピッチャー大谷」

敵地ヤフオクドームで先頭打者に、先発投手である翔平を据えた。DH（指名打者）を外した翔平の登場に、スタジアムは異様な雰囲気に包まれていった。

そして、激震が走る。プレイボールのコールから数秒後、翔平は初球をフルスイングし、その打球は瞬く間にスタンドへ吸い込まれていった。

対戦相手のソフトバンクだけでなく、我々ファイターズのベンチも「何が起こったのか」と身を乗り出した。

リアル二刀流と先制ホームランの衝撃の中で、私は前夜のことを思い起こしていた。

「1番ピッチャー大谷」は、急に思いついたわけではない。かなり時間をかけて考え、いつか実行できたらとその機会を狙っていた。大谷翔平らしさを際立たせ、彼がいきいきとゲームを戦うために組んだ布陣だ。

同時に、私は、翔平がピッチングに集中できる環境を作りたいと思っていた。投手である翔平が星を落とす際には一つのパターンがあった。自分のペースを掴む前に序盤で得点を取られ、本調子になる前に打ち込まれることだ。

あの日は、ソフトバンクとの同一カード3連勝がかかったゲームであり、また7・5ゲームの差を詰めるためには、どうしても翔平の投打のインパクトは欠かせなかった。

ゲーム前日、私は翔平の起用を考えていた。まず、翔平の先発を決める。しかし、ビジターゲームでは先攻なので翔平もまずバッティングに集中することになる。チームメイトが打っても打たなくても、自分の打順が何番でも、打席に入り打つまでは、バットに意識を集中することになる。翔平に打順が回り、打っても打たなくても、打者としてのメンタルが脳を支配する。

もちろん、1回の裏にマウンドに上がるまでの間に、翔平は意識をピッチャーのものに切り替える。が、少しでもバッティングに意識が引っ張られていれば、投手翔平の黒星のパターンに陥るかもしれない。

私はここで、一度、翔平を打線から外すことに思いを巡らせた。明日はピッチングだけに集中する環境を作るか、否か。答えはノーだった。翔平が打線にいることで、どれだけソフトバンクに重圧を与えることができるかは、想像に難くない。

「だったら1番だ」　私はそう結論を出していた。先頭バッターなら、その仕事を終えた後、マウンドに上がるまでの時間が稼げることになる。もしヒットを打ったら、その時には高揚感がピッチングを後押しするだろう。1番打者での出場は2013年5月6日の西武戦で一度経験させているが、投手・1番は、花巻東時代にもなかった。

私は翔平を部屋に呼んで、「1番・ピッチャー大谷」を本人に告げた。翔平は、黙っていた。静かにゆっくりと頷くような仕草は見せたが、問い返すことも、ガッツを言葉にすることもなかった。翔平はただ、こちらの意図をすべて飲み込み、黙っていた。本当に大事なことを話した時、浮かべる表情がそこにあった。

翔平は言葉を発しない。黙って私を見ていた。その目には力があった。

会釈をして部屋を出て行った翔平の後ろ姿を見た私は、何かが起こる予感を覚えていたのだった。

私は勝利インタビューで、ほとんどと言って良いほど翔平を称えたことがない。翔平の目指す野球の振り幅を知っていたし、それを私も求めていたから、ナイスプレー、ナイスバッティングのひとつひとつを褒めそやしたりしなかった。けれど、あの日だけは翔平を褒め称えた。ホームランの瞬間は、監督である自分を忘れ、一人の野球ファンになって「すげぇー」と叫んでいたことを告白した。

翌日、ミスタープロ野球・長島茂雄さんが「長いプロ野球の歴史の中でもいないでしょう」というコメントをくださった。長島さんは、二刀流支持を言葉にしてくださった数少ない方である。22歳の荒削りで、けれど前人未到に挑む若きプロ野球選手が、長島さんの思いに報いたことに、私自身がただ感激していた。

あの日、もしも「1番・ピッチャー大谷」を実行しなければ、あの日、もしも、翔平が10号ソロを放ち、8回5安打10奪三振で無失点に抑えて8勝目をあげなければ、ソフトバンクに大逆転を仕掛け、優勝を摑むことはできなかったかもしれない。そう振り返ると沸き起こる歓喜の余韻は、確かにある。

けれども、新しいチームを率いる私にとっては、ただ目の前に道があるだけだ。双肩にある責任は、これまででもっとも重いものになっている。

Kuriyama's Memo

43

監督の「言葉の重さ」は、組織の強さに繋がる

個人が成長するのを助け、国を良い方に向かわせるには、勇猛な心を持って全力を尽くすことが必要だ。それゆえ、今までの事業を後生大事に守ったり、失敗を怖れてためらっているような弱い気持ちでは、国の勢いはなくなってしまう。

日々、練習をし、ゲームを戦い、シーズン前には長い時間キャンプで生活をともにする。ミーティングやグラウンドで、また食事の際にも、選手に話す時には言葉を選び、心意が伝わっているかを考える。選手ごとに話し方を変えることもあるし、そのシチュエーションも選手によって選ぶこともある。そして私は、「監督の言葉はその選手の胸に刻まれる。何年経っても忘れることがない」と、自身に言い聞かせるのだ。

それは私自身が体感していることだ。折に触れ、監督の言動、その表情が思い出される。

2018年、今季入団した18歳の清宮幸太郎のバッティングを、アリゾナでスタートしたキャンプで見ている時だった。27年前のある場面がドキュメンタリーフィルムのように目の前に流れ出した。私が引退する前年、スワローズから勇退することが決まった関根監督との夜を徹したバッティング練習の光景だった。

1989年の秋、遠征先のホテルで私は関根監督の指導を受け、夜中から朝までバットを振った。始まりは夜中にかかった1本の電話だった。午前1時を過ぎ、ホテルの部屋の電話が鳴り、飛び起きて出てみると声の主は関根監督だった。

「今からバットを持って来い」

と言って切れた電話に、わけも分からず慌ててジャージに着替え、バットだけを持って関根監督の部屋に出向いた。ドアを開け、私を部屋に通した監督は、ソファーに座り、バットを持って立つ私に突然言ったのだ。

「栗、おれは今年で辞めることになった」

私は返す言葉がなかった。当時は、なぜ、と衝撃を受けるばかりだったが、今なら分かる。球団フロントからの通達か話し合いの結果か、チームが監督交代を決めたのだ。翌年就任する野村監督の名前が出るのは、まだずっと後のことだった。

「さあ、やろう」

ソファーから立った関根監督は、カーテンを開け、窓に映る私に向かって話し出した。

「これまで研究してきたバッティングの一番のポイントを、お前に教えるよ。今晩覚えて、来期のキャンプから試してみなさい」

まず私からバットを取ると自分でスイングをしながらポイントの説明を始めた。次に私にバットを振らせ、フォームの流れの中の小さな動きを丁寧に伝え始めた。私は、監督に言われるままバットを振り続ける。関根監督が「よし、いいだろう」と言ったのは、間もなく夜が明ける頃だった。

部屋を出た瞬間に、私はバットを持ったまましばらく立ち尽くしていた。なぜ、チームの誰も知らない監督勇退を私に告げ、なぜバッティングの要訣《ようけつ》、奥義を1軍と2軍を行き来する私に伝えたのだろう。

病気と闘いながらプレーする私への激励だったのだろうか。来期、自分が去ったチームでも諦めず野球を続けろというメッセージだったのだろうか。

関根監督から授かったバッティングを私は活かすことができぬまま、自らも1年後引退する。あの、深夜から夜明けまで続いたバッティング練習は、無駄になってしまった、と私は申し訳ない気持ちを禁じ得なかった。

ところが、監督になった1年目、日々選手と向き合った私は、あの深夜の特訓の本当の意味を理解したのである。関根監督は、私の可能性を信じている、と伝えてくれたのだ。凡庸でお立ち台など縁がなかった私に、プロは挑む機会がある限り諦めてはならない、と教えてくれたのだ。

あれは、人生のレッスンだった。

「一生懸命に野球をしなさい。そして全力で失敗しなさい」

何度そう言葉を掛けられたか分からない。温厚な語り口の関根監督は、選手にチャンスを与える人だった。しかし、どのような機会であっても、全力でない選手を許さなかった。監督の言葉は選手のプレーやその先の人生までも左右する。私は、関根監督の思いを継承する者になりたいと強く願った。

以来、どんな場面であっても、相手が誰であっても、自分が発する言葉と一挙手一投足が意味を持ち、その心に残ることを忘れてはならないと思うようになった。

清宮幸太郎のチームがリトルリーグ世界一に輝いた２０１２年、そのシーズンの始球式を幸太郎が務めた際に、私は始球式のボールに「プロ野球で待っています」というコメントとサインを書き、私よりも背が高くがっしりとした体格の彼に手渡した。その時浮かんだ笑顔は13歳のものだった。

幸太郎は、その記念ボールをずっと自宅の机に飾っていたそうだ。そして、ファイターズがくじを引き当て、ドラフト交渉権を獲得すると、「運命を感じた」のだという。

私も、こうした縁に心から感謝した。そして、今は、幸太郎という特別な才能を預かった責任を感じるとともに楽しみで仕方がない。だからこそ、私が、幸太郎をはじめとする若い選手たちに掛ける言葉が、人生に寄り添うものでなければならないと思っている。

Kuriyama's Memo

44

「正しい非常識」は、いつか「常識」になる

『論語』の教えは広く世間に効能があり、もともとは理解しやすいものである。だが学者が難しく解釈してしまい、農民や商人や職人には関係のないものだという風にしてしまった。商人や農民は『論語』を手にすべきでないということになってしまった。これは大きな間違いである。

信じがたいことだが、『論語と算盤』を読むと、武家社会においては商業、工業が非常に身分の低い愚劣なものだと思われていた時代があったことが分かる。武士が、算盤なんてとんでもない、という時代があったのだ。

古代ギリシャの哲学者であるアリストテレスはすべての商業活動は悪だと言っている、と渋沢は憤る。常識だと思われていたことを打ち壊すことから、健全な資本主義社会を目指す渋沢の挑戦が始まった。社会通念、時代思潮、共通認識と戦った渋沢は勇敢だった。『論語』にある道徳を決して曲げず、けれど、江戸時代は賤しいとされていた「算盤」、つまり、資本主義に命を懸けたその人だから、500もの会社設立に関われたのだ。

スポーツにも同じことが言えるかもしれない。野球もセオリーで語られることが多い。セオリー＝確率であるから、それは大切にしなければならない。そのセオリーに外れると異端や変人と見なされ、騒がしい。翔平の二刀流などはその標的になったわけだ。

私は、常識という言葉が好きではない。常識を建前にする議論にはいつも違和感を覚えるし、辟易《へきえき》することもある。

常識とはどこから来て、誰によって語られるものなのか。常識という言葉に絡め取られ、本質を見失ってはならないと感じている。

私は、野球において、非・常識の発想を意識したいと思っている。セオリーから外れていたとしても、斬新で、勝利のために有効だと信じられれば、臆せずチャレンジするのだ。非・常識が実現し、それを重ねていけば、いつか常識と呼ばれるようになるだろう。だったなら、その常識を越える非・常識を打ち出していくだけだ。それがファイターズの野球なのだと胸を張れるまで、力強い創造性をチームのカラーにしていきたい。

渋沢が気色ばんで唱えた資本主義が、150年後には世界を席巻し、この巨大なシステムなしには人間が生きられなくなっていることを、どれほどの人が想像しただろう。

渋沢の凄みは、途轍もないイマジネーションだ。私は『論語と算盤』を読みながら、見えない未来を見る力に、ぞくぞくとさせられている。

Kuriyama's Memo

45

組織は全員、「プロであること」を意識する

私がいつも望んでいることは、物事を進展させたい、増やしたいと思うなら、まずそれを心に抱くべきだ。そしてその欲望を道理に沿って行動して叶えることが大切だ。この道理というのは、人が社会において道徳上守るべき理念であり、欲望と道理は並行して抱き続けなければいけない。

ルーキーイヤーを迎える清宮幸太郎がどのようなプロ野球選手になるのか。ファイターズファンのみならずすべての野球ファンが彼のプレーと発言に注目しているだろう。

私は、幸太郎がファイターズに入団したその日からある目標を立てた。彼に世界のホームランバッターになってもらうことだ。もちろん簡単ではないだろう。けれど、幸太郎はその道を進もうとしている。私は、彼が思う存分に疾走できるよう、環境を整え、バックアップをするだけだ。

幸太郎の素晴らしさは、なんと言っても思いをはっきりと言葉にして伝える力である。

入団後、札幌ドームで開催された「ファンフェスティバル　２０１７」に参加した幸太郎は、ステージの上で快活に挨拶した。

「早稲田実業学校から入団した清宮幸太郎です。自分の持ち味は明るいプレースタイルなので、野球を楽しんでいる姿を皆さんに見ていただけたらと思います。ここにいる皆さんと一緒にここ北海道から世界に羽ばたこうと思っていますので、応援よろしくお願いします」

思わず、皆が笑顔になってしまう語り口。ファンの心を摑みながら、しかし、発言の内容は単なる18歳のルーキーの幼い期待などではない。まさに、チームから旅立っていく翔平の背中を見た幸太郎は、その視線の先にすでにメジャーを見ているのだ。「世界に羽ばたく」は、メジャーのホームランバッターを目指すという宣言なのだと思う。

その日、ステージの上で書いた色紙には〝北海道から世界へ〟とあった。目標にしている本塁打の本数を聞かれると、間髪を入れず「60本！」と答えた。2013年にウラディミール・ラモン・バレンティンが作ったプロ野球記録を即答した幸太郎は、実はそれを越える本数をその胸で思い描いている。

高校通算最多の111本のホームラン。高校生で史上最多となるドラフト7球団指名の末にファイターズにやって来た清宮幸太郎。インタビューを受ければ、「プロでの初めてのシーズンは楽しみと不安が半々」と語りながら、その同じ口で、世界のホームラン王への憧れと記録への野心を語るのだ。

「目標は早稲田実業の先輩、王貞治さん。一本足打法で、プロ野球史上最多の通算868本。ホームランの世界記録を達成した、王貞治さんです。いずれは868本、目指せるような選手になりたいです」

王さんのホームランを幸太郎はYouTubeで見るのだろうか。早稲田実業の先輩である王貞治さんのホームランを目指さなければいけないという使命感がある、と幸太郎は言った。プロでやるからには、王さんのような野球人にならなければいけない、と。

ホームラン王になりたい、と語っていたのはリトルリーグの頃からだったという。当時掲げた夢を、彼は変えない。その時の成績や気分、環境で都合良く変換することがない。それだけでなく、プロへの階段を上りながら、その先の光景を目に捉えていくのだ。

野球を始め、リトルリーグで活躍し、早稲田実業で高校通算111本塁打という歴代最多記録を残した。ファイターズに入ると、当然のようにMLBをその視界に入れていった。

自分が新人の頃を振り返れば、やって来る課題をひとつひとつこなし、新たな経験としていくことだけで精一杯だったが、幸太郎は違う。心には弾力もある。階段の踊り場に立つ度に360度を見回して、過去の自分、現在の自分、未来の自分を点と線で結び、眼界に刻んでいくのである。

アスリートとして目指した場所に辿り着けない悔しさ（甲子園では決勝へ駒を進めることができなかった）も経験しているから、その悔しさを乗り越えていかなければ手に入れたい結果は得られないことも、そのためには自分がやって来たことが正しいと信じその姿勢を貫くことも、彼にはできる。

幸太郎は悠々としながらもなぜ、高度な集中力とぶれない意志を持つことができたのだろうか。

一つは、清宮家の教育方針と愛情がある。幸太郎のお父さんである清宮克幸さんは、選手時代は早稲田大学、サントリー、日本代表と、日本ラグビー界のスーパースターであり、現在はラグビートップリーグ・ヤマハ発動機ジュビロの監督を務めている。

克幸さんは自身がプレーしていたラグビーだけを望むようなことはなかった。幸太郎が語るところによれば、子どもの頃、相撲や水泳も経験し、中学生から高校の頃には、ラグビーもやってみたいと思った幸太郎に、「これだけホームランを打てるのだから、野球で行け」と、克幸さんがアドバイスするのである。

幸太郎はこうも考えている。野球は競技人口が多く、その母数が大きな幅で、競い合う人たちもたくさんいる。それに野球には大きな舞台がある。リトルリーグの世界大会、甲子園、そしてプロ野球というその時代時代の最高の場所でやることに、魂は燃え盛るというのである。

練習とゲーム、その繰り返しの日々を送りながら、幸太郎は読書も欠かさなかった。中でもスティーブン・R・コヴィー博士の『7つの習慣』を読んで、勉強になったと話していた。

私は幸太郎がプロ2年目を迎えた時に、渋沢栄一の『論語と算盤』を贈るつもりだ。幸太郎がどの章の、どの文章に心を寄せるのか、その声を聞くことが待ち遠しい。

プロフェッショナルとは何か。それは私の人生にとっても大きな主題だ。私はあの7年間のプロ生活を振り返り、自分は真にプロ野球選手だった、と言い切れない自分がいるのだ。そのことが口惜しい。刻《とき》を遡って、もう一度本物のプロフェッショナルになるための時間を過ごしたいとさえ思う。

しかし、それは叶わない。だから私は、こうして与えられた監督という天命で、プロフェッショナルを体現すると誓っている。

次々にチームに現れるプロフェッショナルたちを私は声高になることも、激高することもなく率いていく。理想を掲げ、それを実現するのだと念じ、行動に移すのだ。渋沢栄一が激動の人生でそうしたように、私にその使命がある限り、何度も繰り返す。

私は入団したばかりの幸太郎に、こう告げた。

「力があれば、1年目でもスタメンで使っていく。私が求めているのは、肩書きではなくプロフェッショナルだ。夢は正夢、私はその日本一のチームを作らなければいけない」

［対談］

コモンズ投信株式会社 取締役会長

渋澤健×栗山英樹

北海道日本ハムファイターズ監督

時代を超えて語り継がれる「論語と算盤」の魅力とは？

聞き手：小松成美

「か」の力よりも「と」の力

――渋澤さんは渋沢栄一から数えて何代目になられるんですか？

渋澤　僕は栄一の孫の孫、つまり玄孫《やしゃご》です。渋沢栄一の長男に男子が3人いたんですけど、その三男が私の祖父。渋沢栄一は、子だくさんで長生きでした。91歳まで生きたんですよ。

栗山　すごいですよね。あの激動の時期に。

渋澤　企業経営から引退しても晩年まで民間外交に力を入れて、4回渡米しているんです。1909年は渡米実業団の団長として、当時の財界の人も連れて行きました。毎回、大統領に謁見させていただいたようです。

――栗山監督がプロ野球選手として現役で活躍していた頃は、渋澤健さんはアメリカにいらしたんですよね。

渋澤　ちょうど1984年の1月に帰国しました。小学校2年生から大学までずっとアメリカで過ごしていました。

――栗山監督、渋沢栄一の玄孫である渋澤健さんに何か聞いてみたいことはありますか？

栗山　はい、たくさん。僕は選手たちに、『論語と算盤』に書かれた大切なメッセージを伝えているのですが、渋沢さんが日本人に『論語と算盤』を通して伝えようとしたメッセージを、渋澤健さんはどう捉えていらっしゃいますか？

渋澤　僕は『論語と算盤』で大切なのは「と」の力だと思うんです。「と」の力と同時に、「か」の力というのもあるのですが、「か」のは「白か黒か」という選別の時には重要なんですね。「どっちにするか？」と選別することが目的なので、そこには新しいものが生み出されないと思うんです。それと比べると、「と」の力は、一見矛盾しているように見えますね。どうやって『論語』と「算盤」を合わせるのか、ということなんですが、「と」の力は、矛盾の中で試行錯誤を繰り返し、角度を変えて押したり引っ張ったりして、フィットした瞬間、今まで存在しないものを想像力で生み出すことができる。つまり創造です。

今の時代に置き換えると、人工知能（ＡＩ）が進んでいますよね。僕はＡＩっていうのは算盤みたいなものだと思っています。つまり、ＡＩは莫大な量のデータを蓄積することができて、処理スピードも圧倒的に速いです。機能という面では人間より優るんですね。

ところが、人間はＡＩには情報の蓄積量や処理速度では劣るかもしれませんが、唐突に「飛躍できる力」を持っているんです。自分が見ていない、知らない未知の世界を可視化できる能力です。いずれＡＩもその力を持てるかもしれませんが。創造やイノベーション、発明というものは、違うもの同士がマッチングした時に起こります。僕は、日本人は、そうした感性を際立って持っていると思うんです。

カレーうどんという食べ物があります。あれは良く考えてみると無茶苦茶な食べ物です。インド発祥のカレーが、イギリス経由で海軍が食べて、それに中国大陸で生まれた麺を合わせてしまう。また、カンボジアには、ウドンという場所があるようですが、そこでは小麦粉の麺をスープで食べる習慣があるらしくて、もしかするとそこから日本にやってきたんじゃないかなとも言われているそうです。

日本人は、同じ鍋にカレーとうどんと出汁《だし》を入れてかき混ぜて、カレーうどんを作ってしまう。我々は、あまりにそんなことを自然にやるので、自分たちでは深く考えていません。日本は島国だから大陸から孤立してピュアな民族だと思いがちですけど、実はその反対で、島国だからこそ、潮の流れで辿り着いた色々な分子が混ざり合うんです。だから自然にカレーうどんとか、『論語と算盤』を作っちゃうんです。まさにこれが「と」の力で、その力を活かすのに大切なのは、判断じゃなくて決断だと思うんですね。

現役の野球選手にとっては、練習を重ねることが算盤だと思いますが、監督には、むしろ「飛躍」が求められると思うのですが、いかがでしょうか？

栗山　例えば、2016年に日本一になった時、大谷翔平を「1番・投手」で起用しました。まさにそれが「飛躍的な」決断でした。普通に考えると「何かと何かを足して両方活かそう」という発想は生まれないのですが、その年は何かで勝負をしないと、1位のソフトバンクには追い付けないと思いました。最大11・5ゲームという絶望的なゲーム差があった首位チームに追いすがるために、リスクは大きかったのですが、勝つために「と」の力を使おうと決断しました。

「枠から出る」という思考

——渋澤さん、ちょっとここで前に教えていただいた、「お団子の発想」を監督にもお話してくださいませんか？　あの発想は栗山監督の采配にも近いものだと思います。

渋澤　ああ、あれですね。まずこうやって枠がありまして、この枠の中に団子が9つあります。そして串が4本あるとしましょう（209ページ図）。さてここで問題です。この串を4本使って、すべての団子に串を突き刺してください。

栗山　すべての団子にですか？　うーん難しいですね。（しばらく悩む）う〜ん、やっぱり分からないです。

渋澤　そうですか、答えはこうです。

栗山　あー！　なるほど！（210ページ図参照）

渋澤　無意識的に答えを枠の中で探そうとすると見えないんです。でも枠をずらす、また

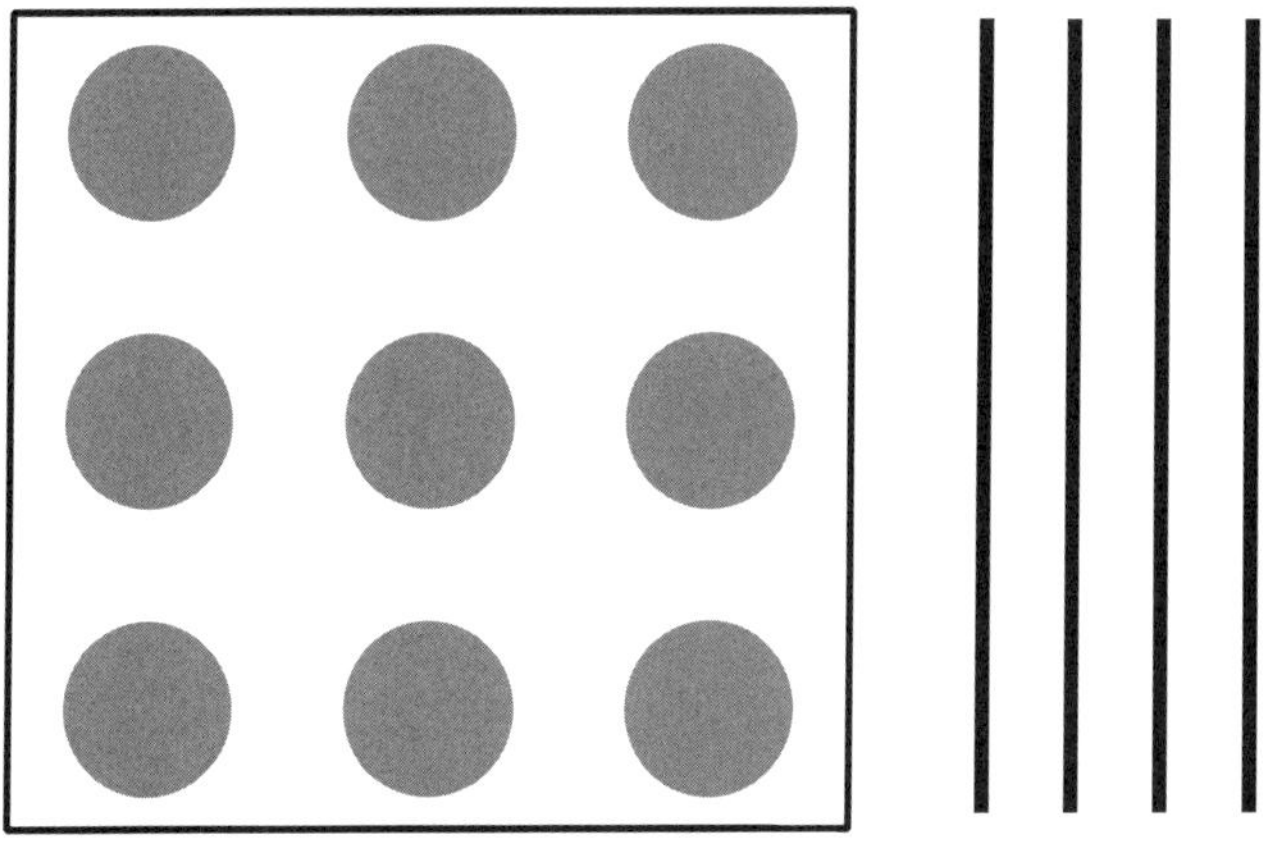

は外すだけでまったく違う光景が広がって答えを見付けることができるのです。つまり、「と」の力というのは、内と外の視点が必要なのです。

　人間って生まれた国とか地域社会とか職業とか、成功体験などの「枠」があって、この枠の中で生活しますよね。枠を出ると面倒なことが多いし、不安だし、でも枠の中に留まっている組織や社会や人間は、枠の中で小さくなっていることに気付かないんじゃないかと思うんです。渋沢栄一は、この枠に常にチャレンジしていた人間だと思うんですよ。

栗山　渋沢栄一さんは、枠をずらすどころか、新たに大きな枠を作り、時には「枠なんてない」と言った方ですね。

渋澤　教育って何かというと、枠の外に色々

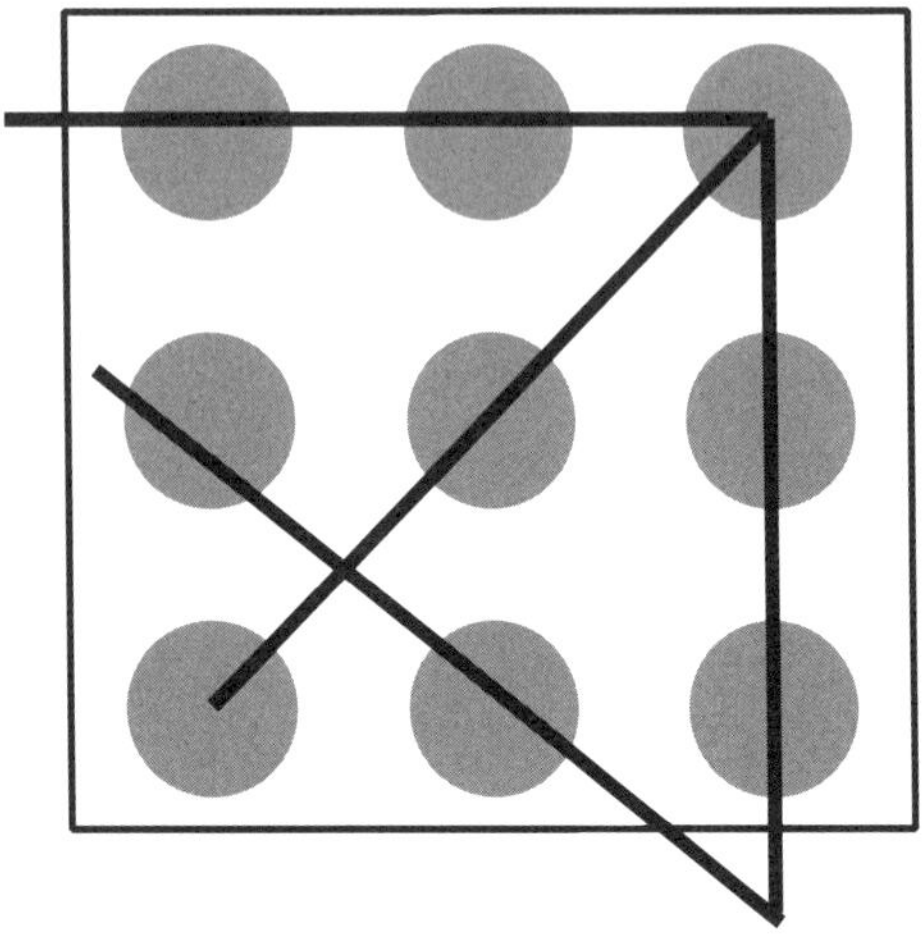

な視点を呼び込むことで自分の枠を大きくすることですよね。

栗山　野球の練習も、こうあるべきだと枠の中に収まってしまうと、うまくいかないことが続いてしまうと思います。活躍する選手は、枠に囚われない、それぞれのやり方をたくさん持っていると思います。

――枠に囚われれない。それは監督が選手を育てる過程で、その個性を認めることとも近いですよね。

栗山　プロ野球の伝統で昔から続いているものも大切ですが、それを壊そうという気持ちも自分にはありますね。みんながいいって言うものじゃないものにも何か価値があるはずで、その枠を壊さない限り何も生まれない、と思ってやっている部分はあります。

――渋沢栄一は豪農の息子に生まれ明治維新を経験し、3つも4つもの人生を過ごしたような経験をしています。あの激動を、どう許容していったのでしょうか？

渋澤　確かにお金には困らなかった環境だったらしいので、若い頃から学問に触れていました。その結果、ベースに知識があったと思うのです。その知識によって、枠外の世界のことに興味があったんだと思います。

ペリー提督が来航した時、渋沢は13歳ですから、人間としてすごく感化される時にそんな経験をして、「日本はこのままじゃヤバいぞ！」みたいな気持ちが湧き上がったんじゃないでしょうか（笑）。それまでの常識が通用しないと察知して、だから、高崎城を乗っ取ろうなんていう無謀な計画をしたんじゃないですか。ある意味、最初から、思い切り枠の外に出ちゃった人ですね。

高崎城の占拠は、武器まで調達して本気だったようです。周囲の懸命な説得で中止しますが、その時の理由が、「死ぬのは怖くないけど、死んだらやりたいことができなくなる」ってことなんです。枠の外にジャンプすることができる栄一は、その先の機会を待てたのだと思います。

宿命と運命の違い

――栗山監督が選手に『論語と算盤』を薦めている、という話を聞いた時はどうでした？

渋澤 感動しましたね（笑）。うちの息子たちも野球をやっているので、本当に嬉しくなりました。渡すようになってからどれくらいになるんですか？

栗山 選手に手渡し始めて、もう6年ですから、ほとんどの選手に渡っていると思います。内容的に難しい部分もあるので、最初からじゃなくて、読みやすいところから読めばいいよ、と話していています。

――手渡すと。選手はなんと言いますか？

栗山 最初はすごいキョトンとしてますね。なんだこの本は、誰だ渋沢栄一って……？という感じで（笑）。

渋澤 『論語と算盤』の最後の章の、運命は何かとか、成功や失敗はなんぞや、という話は、アスリートの精神性と関係していますよね。

栗山 渋沢栄一が、「成功と失敗は自分が一生懸命やってきた残りかす」と表現してるじゃないですか。今回、大谷翔平がアメリカに行くにことになったのですが、彼は日本でプレーしている頃から「成功と失敗は自分が一生懸命やってきた残りかす」という考え方を持っていたんです。僕もどのタイミングでメジャーへ行くのがいいかと、本人とも親御さんとも話しましたけど、翔平のメジャーへの挑戦は、良いとか悪いとか、成功とか失敗とかではなく、こうしたチャレンジにこそ価値があると言い切ったんです。私は翔平にその考えを聞いて、「だったら行くべきだ」と思っていました。

――大谷翔平選手は、栗山監督からもらった『論語と算盤』を読み込むことを、一つの目標にしていたそうですね。

栗山　はい、私もそれをスカウトディレクターの大渕（隆）から聞きました。翔平が『論語と算盤』をどれだけ読み込んでいるかは分からないですけど、渋沢栄一のような時代を作った方の哲学を、多分、時代を作る側の人間である翔平が読んで、価値を感じてくれたのなら嬉しいです。使命を持った人たちは、時代を違えても出会い、価値観をともにできるのだと思えました。

渋澤　人類がなぜ歴史を残すかというと、一つめはそれが100年前でも1000年前でも現代に通じる普遍性があると思うんです。だから孔子の言葉が残っているんです。そしてもう一つは、100年前でも1000年前でも、自分にとっても世の中にとっても、今日より良い明日をと願い、目指した人が必ずいたわけです。『論語と算盤』も、自分の過去を正当化するようなものではなくて、過去の思考や経験を、今活かすために編集して残したんじゃないかって思うんです。歴史は未来のためにありますね。

栗山　僕は渋沢栄一さんはじめ、数々の人生の先輩の知恵を借りて、メッセージをもらって、それを次の世代に繋げています。特に、自分が迷った時には渋沢栄一さんから、「お前、大切な選手のために、チームの勝利のために、やるしかねえだろ！」と言われている気持ちになります。そう、自分に言い聞かせることがあります。

――渋沢栄一は対話の人でした。毎日の来客にすべて対応していたって話もすごいです。

栗山　本当にすごいです。人に会うってものすごくパワーがいりますから。

渋澤　栗山監督、運命と宿命の違いってどう思いますか。私は栄一の残した言葉を読みながら、こう解釈しているんです。宿命っていうのは宿っている命なので変えられません。自分が人間で生まれたことも宿命です。でもその反対に、運命は運ぶ命なので変えられるはずなんです。じゃあ誰が運んでいるかというと、「人」が運んでいるですよ。出会いなんかはまさにそうですよね。大谷選手との出会いも、人が運んできたんではないですか？

――大谷翔平選手との出会いは、栗山監督がまだスポーツキャスターの時代でした。

栗山　そうなんです。甲子園の取材では、翔平のプロも打たないような逆方向のライナーの当たりを見て、衝撃を受けました。その一撃を見て、彼なら間違いなくプロでやれるだろうと確信しました。

それから震災の直後に花巻に行って翔平に初めて会ったんです。高校2年生の時、気仙沼の高校を取材で追いかけている時に対戦相手だった翔平にも話を聞くことになったのですが、その時の話し振りがすごく理論的で、人間的にも大きく成長できる、彼ならプロでも大きなことを成し遂げてくれるだろう、と直感しました。

今こんな話をしていると、翔平との出会いも人が運んでくれたものですね。再び翔平と出会う時、僕は彼が入団するチームの監督で、その運命が僕に「大谷は二刀流をやるべきだ」と言わせた気がするんです。うちの球団は、選手たちをなんとか育てていこうという気持ちが強いので、そういうところからも、この縁をもらっているのかなって思ったりはしています。

解釈は自由でいい

渋澤　栗山監督にプロ野球選手を「育てたい」という気持ちが芽生えたのは、いつ頃からですか？

栗山　はっきりと意識したのは監督に就任してからです。僕が子どもの頃、親父が先生になりたい夢を僕に語っていたことがありました。早い段階で両親を亡くした人ですから、兄と私を懸命に育ててくれました。父は、私たち兄弟に自分の夢だった教師になることを託しました。若い人を育てることの素晴らしさを、いつも説いていました。その経験は何か関係しているかもしれませんね。

——監督の読書好きはお父様ゆずり。家には常に本がたくさんあって、小学生の頃から歴史書も読んでいて、お父様は「本だけは好きなだけ買いなさい」と言ったそうですね。

栗山　そうなんですよ。『論語と算盤』に出会えたのも、「気になった本はすべて買え」という父のお陰です。すごく感謝しています。

渋澤　僕は小学校からアメリカで育っていますので、先祖に渋沢栄一がいるというのは本で知っていたんですけど、あまり意識していなかったんです。継ぐ会社があったわけでもないですしね（笑）。両親から栄一の話を聞いても、「へぇ、昔ひいおじいさんって偉かったんだね〜」くらいだったんです。日本に帰ってきてからも、外資系の投資銀行に勤めていたので仕事三昧で、『論語と算盤』は、40歳で独立した時に初めて読んだんです。

実は、僕が独立するきっかけを作ったのは栄一でした。40歳を前に、昔からその存在しか聞いていなかった渋沢栄一の「家訓」を調べてみることにしたんです。ちょっと調べてみたら本当にあって、そこに「投機の業、または道徳上卑しい職に従事するべからず」って書いてあったんです。僕は金融の仕事をやっていて、金融は安く買って高く売る、つまり投機ですから、僕は家訓に違反していたんだという不都合な真実が判明するんです（笑）。

でも、栄一さんがたくさんの言葉を残していることに気付き、だったら自分に都合のいい言葉もあるはずだって、史料を読み漁るようになりました。すると、栄一さんの言葉の数々は時代の遺物ではなく、普遍的で、むしろ未来のためのものなのだと分かりました。

その後、経済同友会で知り合った新浪剛史さん（サントリーホールディングス株式会社代表取締役社長）から「『論語と算盤』を経営者は勉強すべき」という連絡が入り、勉強会を始めました。『論語と算盤』を通じて、新浪さんのような経営者の世界観などがどんどんテーブルに載せられることが面白く、その後は、オープン型の『論語と算盤』経営塾へと展開しました。今年から10期が始まります。『論語と算盤』は、その内容を丸ごと理解しなくても、自分の心にフィットする箇所を探して読む本ですね。そうやって読んでいると、自分の中に持っているスイッチが入る一文があって、色々な解釈やディスカッションのテーマになります。

――栗山監督も、読んでいると、その度に心に響く箇所が違うと仰ってました。

栗山　はい、捉え方がその時々によって違うことがあるんですけど、それでいいんですね。

渋澤　全然いいと思いますよ。一人で読んでも違うし、何人かでディスカッションすると別の気付きがありますよね。いつも私の塾でやっているのは、お題をこっちが出すのでなくて、ディスカッションリーダーを決めてやるんです。普段は阿吽《あうん》の呼吸で「なるほど、そうだよね」と、思っていても、話し合ってみると、「これについては、話したことなかったよね」と、新しい主題として語り合えます。プロ選手たちでディスカッションすれば、論語も算盤も、野球のことに繋がるのでしょうね。それが面白いですね。

栗山　なるほど。ディスカッションリーダーを置くのはいいですね。

渋澤　ディスカッションの参加者が、それぞれ勝手に解釈していいと思うんですよね。論語だって孔子じゃなくて弟子が解釈し、編纂したものですからね。読んだ者が自分の思いを重ねて行けば良いのだと思います。

『論語と算盤』が生まれた時代性

渋澤　これは僕の考え方ですけど、明治維新に入って日本が30年くらいで西洋社会に追いついた明治末期から大正時代の社会があって、そこには一定の豊かさがあったと思うのですが、渋沢栄一は「このままではダメだ」と思ったんですね。『論語と算盤』の第1章の冒頭の「論語と算盤は甚だ遠くして」という説では、富の完全な「永続」というキーワードが出てきます。渋沢栄一が明治維新以降に日本が築いた社会の永続性を大切にしていたんです。また、「合理的の経営」という説でも、一人が富豪になっても社会多数が貧困に陥るようでは、その幸福は継続できない、という今で言う格差問題にも言及しています。永続とか継続というキーワードが出るということは、渋沢栄一が『論語と算盤』で表現したかったことを今の言葉で言えば、サステナビリティ、持続可能性だと私は思っています。

渋沢栄一が生きた時代は、日本の国力を高めることが死活問題でした。当時の文脈だと軍艦や大砲を揃える富国強兵ですね。でも軍艦や大砲を作る財源は民間ですよね。民間が製品やサービスを提供して対価が支払われ、そのお金が財源になっています。ということは、民間がちゃんと高まらないと、国力は高まらないということですね。だから、算盤を蔑《ないがし》ろにしてはならない、と説いたわけです。

渋沢栄一が、第一国立銀行という日本初の銀行を作った時の話なのですが、今では「銀行」という言葉は当たり前ですよね。でも当時は「銀行」なんて言葉は誰も知らなかったんですよ、造語ですから。つまり銀行はスタートアップのベンチャーだったんですね。そしてその銀行の存在感を伝えるために渋沢栄一は「銀行は大きな河のようなものだ。銀行に集まってこない金は、溝に溜まっている水やポタポタ垂れている滴と変わりない」という例え話をしました。この考え方が日本の資本主義の原点になったと思うのです。自分の儲けではなくて、散らばった資源を集めて、現在から未来への大河を作りましょう、と。

だからお金を集めて、民間力を高めて組織や会社や大学を作ったんです。民間が散らばっていては組織にならないけど、集まれば大河になるという壮大な発想があったんですね。

栗山　その発想を伺って、選手に『論語と算盤』を渡したのは正しいと改めて思いました。というのも、プロ野球選手は、若い時に大金を得すぎてしまう人が多いのです。残念ですが、大金を得すぎて勘違いして終わってしまうというケースも少なくありません。渋沢栄一は、『論語』と「算盤」が両輪であり、そのバランスが大切で、個人だけでなく国も含めて大きく見なさい、大きくなりなさい、と言っている。その感覚を持っていれば選手も間違った方向に行かないでしょう。

大谷翔平は、そうした感覚を10代の頃から持っていました。自分のことだけでなく、自分のメジャー挑戦を、日本の野球にとって、価値あるものにしなければならない、と考えたのですから。

お金のことを考えるのは悪ではない

——渋沢栄一は、自らの富ではなく、国と人々が富む機会を作るのが自らの喜びと言っています。

渋澤　win-winの関係が大切なんですよね。実は3年前から私が実行委員として参加した「寄付月間」っていうムーブメントが始まりまして、それは、毎年の12月を未来のために寄付を考える月を設けましょう、という運動です。最初は賛同パートナー企業が20社ぐらいだったのが、今では500社ぐらいになっているんです。

寄付というのは、ある種の投資だと思うんです。自分に返ってくる投資ではありませんが、次の世代にいい世の中を作ろうと頑張る人を応援するという投資なんです。小さな額でも投資することで「社会の当事者」になっていく。そのことがすごく大切なんだと思うんですよね。それが渋沢栄一のメッセージだと思っています。栄一は、誰もが人の幸福や未来を思う社会を目指していました。それが常識の世の中にしなくてはならない、とも。栄一は、「智、情、意（知恵、情愛、意志）」がバランス良く成長したものが常識だと話しているんです。つまり、大切なのは上下関係のようなヒエラルキーではなくて、均衡性が大切なんですね。当事者意識を持つというのが常識だということなのです。例えば寄付ですが、お金持ちがやるもの、ってイメージがあります。僕の暮らしていたアメリカでは、金額は小さいですが、所得比率としては所得が低い人のほうが寄付をしています。

栗山　社会参画の意識が強いのですね。

渋澤　そうだと思います。僕は投資の仕事をしていますが、投資って資金を「投げる」っていうニュアンスで捉えられがちですが、英語だとinvest、つまり、「ベストに入れる」という意味なんですよね。投資というのは、先ほど話した枠の外の色々な視点を自分のベストの内側に入れることができるんですよ。

栗山　「ベスト（vest）」に「入れる（in）」からinvestなんですね！　なるほど！

渋澤　ですから栗山監督、現役世代と未来の人たちのために、こつこつ積み立てることの大切さを若い選手に伝えてください。積み立てると余裕ができますからね。だから本当は、プロ野球の選手などは、未来のために定額を積み立てる習慣を作ったほうがいいと思うんです。天引きして貯金しておいてやるから、みたいな（笑）。年金とかの制度もあるんでしょうけど、契約金や年俸など、大きなお金を得る選手ならなおさら、もっと意識的に行動したほうがいいんじゃないかと思います。

栗山　日本の球界は、年金ないんですよ。本当に積み立てる意識がないと、将来、困っちゃうんです。

――プロ野球の世界は、普通に働いている人よりお金をたくさん貰えますけど、いつ解雇通告されるか分かりませんし、いつ自由契約になるかなんて分からないですからね。栗山監督が若い選手たちに、長い目で見て人生を考えることの大切さを伝えているのは、そうしたプロ選手の環境があるからでしょうか。

栗山　そうですね。スポーツ選手は自分の人生の設計を、もっと慎重に、丁寧にするべきだと思います。備えがあれば、「怪我して終わったらどうしよう」という、余計な不安とか心配事を考えなくても良くなりますよね。球団もチーム、お金のこと、つまり算盤ができなければすべてが終わってしまうんですよね。球団も経営があり、チーム自体も全体の予算の中で、選手にお給料をどのぐらい支払えるかを考えなくてはいけないわけです。予算があるのに予算を度外視した選手を取ってくるわけにもいきません。だからお金のことを考えるのは当然で、チームが勝利を目指すことと切り離して考えることはできません。

渋澤　ところで栗山監督、『マネーボール』はお読みになりました?

栗山　読みました。あれは本当に今の野球界の思考法のベースになっていますよね。

——『マネーボール』は、貧乏球団だったアスレチックスを強豪チームにまで育てた実在のGM、ビリー・ビーンの活躍を描いた映画ですね。

栗山　今、シカゴ・カブスでは、ハーバードのトップクラスの大学生が、GMになることを目標にノーギャラのインターンとしてアナリストをやったりしているんですよ。ファイターズも東大や京大から、アナリスト候補を何人か呼べないか、と球団に相談したら、今は無理ですって言われたんですけど(笑)。そういう時代が来ています。

——そういう時代が来ると、野球界にさらなる変化が生まれますか。

栗山　スポーツとしての野球が好きな方はもちろん、経済の観点から「野球界に行って働こう」と思ってもらわないと、この業界の未来はありません。日本では、この業界は門戸が狭く、野球関係者以外がこの業界に就職するのは難しいんですよ。

コラボレーションとコクリエーション

――栗山監督が監督に就任された時にダルビッシュ有選手が大リーグへ行き、一から作り上げたチームで2016年には日本一になりました。そのチームを、プロ野球界では常識外だと思われていた「二刀流」の大谷翔平選手が率いていた。そして、2017年1月のドラフトで、清宮幸太郎選手を一位指名し、入団しました。この数年は、北海道日本ハムファイターズは、大河になっていきましたね。

栗山　色々な個性がまさに水の一滴一滴のように輝き、集まって、河になることを目指しました。一滴が集まるとチームの方向性が見えて、自然と大きな流れが生まれるんですよ。

渋澤　渋沢栄一は「資本主義の父」と言われていますけど、本人は「資本主義」ではなく、「合本主義」という言葉を使っているんです。これは僕の考え方ですが、合本は「共感」によって集まります。集まると、そこには濃淡や強弱、得意不得意、長所短所がありま すが、それは「共助」があれば、お互いの不足を補うことができるんですよね。
不足を補うというのは足し算ですが、その足し算ができたら次は掛け算です。掛け算とは「共創（共に創る）」ですが、そうすると、そこには新しい存在、新しい価値、新しい環境ができてくるのです。一滴一滴が、そんな足し算や掛け算で生まれ代わり、二つとない大河になっていく。それが栄一が目指した合本主義でした。

栗山 僕をファイターズに呼んだ吉村浩GMは、ファイターズに足し算と掛け算をもたらすことを求めたんだと思います。今はだんだんと、「ファイターズってこういう感じだよね」というスタイルができ始めているんです。選手たち個々に頑張れ、結果を出せ、というだけでなく、チームとして共助、共創の態勢がなければならない。渋沢栄一の「合本主義」をさっそく取り入れます。

渋澤 ファイターズは、選手が個性的で、凹凸感があるチームですよね。こっちがダメでもこっちがカバーする、というチームです。そんなチームを栗山監督が作り上げました。「コラボレーション」と「コクリエーション」という二つの言葉がありますが、「コラボレーション」はそれぞれの目的とやることが決まっていて手を組むわけですが、「コクリエーション」は役目がなんとなく決まっていて、試行錯誤しながら合わさり、作っていくことなんです。コラボレーションだと定まっていることしかできないけど、コクリエーションだと色々な人がそれぞれのできることを寄せ集めて、定まっている目標以外のこともできるんです。コクリエーションこそ、合本主義だったと思います。

——コクリエーション、素敵ですね。選手たちの間にコクリエーションのスイッチを入れるのが、監督のお仕事ですね。

栗山　スイッチを押すというよりも、「選手たちは一生懸命やっているから、応援しようぐらいの気持ちです。それくらいファイターズの選手には自主性があります。選手たちの間に「自分はどんな特徴があって、それを活かしてチームにどう貢献していくのか」という意識が生まれると、それは足し算でなく、掛け算になりました。

掛け算になると、奇跡と呼ぶようなことも起こります。それが日本一になった2016年のファイターズでした。こんなふうに発想すると、新しいものが生まれるんだ、ということが体験できました。

——コクリエーションを渋沢栄一はどこで考えたんでしょうか。

渋澤　多分、青年の頃から本能的にあったと思うのですが、大政奉還直前にパリ万博へ行った時に一気にスイッチが入ったと思います。船で香港からシンガポールに回ってスエズ運河を通過しているんです。まだ建設中のスエズ運河ですが、砂漠のど真ん中に巨大な運河を作っているのが国ではなく民間企業であることにぶったまげて、そしてパリに行けばガス灯や様々な社会施設があって、銀行という金貸しが軍人と対等に国家について語り合っていたことにまた驚いて（笑）。そのあたりでスイッチが入ったんだと思います。それまで幕臣として「尊皇攘夷」と、外国の人間なんて排除だ、と考えていた人ですが、衝撃を受けて、枠の外側の世界に目が開いたんだと思います。「枠の外ではこんなことが起こっていたのか！」と、新たな視点や成長の種を枠の中（日本）に持ち帰って、枠の中を刺激し、その枠を大きくしたんだと思います。

お金を貰う、ということ

――栗山監督は、つまり人を動かして結果を出すという監督という仕事において、『論語と算盤』に一番共感した部分はどこですか。

栗山　私の関わっている野球は「プロ」野球ですから、お金を稼ぐための個人の方向性と、それと同時に野球の原点であるチームのため、みんなのために勝つ、というのが共存しなくてはなりません。渋沢栄一は、お金を稼ぐという「経済（算盤）」においてでさえも、「絶対に『論語』を忘れてはならない」と断言していたところに膝を打ちました。プロだから勝利と成績がすべてです。それでプロ野球選手の価値が決まります。しかし、渋沢栄一は、そうした考えも時には一刀両断にして、道徳を失った人間を哀れみます。

僕がチームを作る上で、一番大切にしたいことを、渋沢栄一が直球で、繰り返し、伝えてくれたのが『論語と算盤』なんです。僕は選手に「勝利以外は考えていない」と言い、それを求めます。同じ心では、人間の価値や存在意義は勝利だけではないとも思っている。例えば、自分の成績だけを求めて3割打った選手と、2割5分でチームに貢献した選手と、どちらを評価するか。こんな矛盾を包括し、僕を導いてくれるのが、渋沢栄一の『論語と算盤』です。

――ファイターズの選手のミーティングでも、『論語と算盤』がテキストになるそうですね。

栗山　はい。選手たちにもこの本を意識してくれと、伝えているんです。僕は選手にどんな状況にあっても、自分は不運だと思っても、チームの勝利のために邁進して欲しい、と、はっきり伝えています。そして「それは天が見ていて、必ず良い結果になって返ってくるから」とも言い続けています。

――渋沢栄一の子孫の渋澤さんは、『論語と算盤』とどう向き合っているんですか。

渋澤　栄一さんはお金よりも大切な言葉という財産を残してくれました。僕は迷った時は、栄一さんがそういうなら自分も頑張らないと、と己を鼓舞する言葉と思っていますし、同時に、栄一さんの言葉は、どのような自分の言葉に置き換えたらいいのかなとも考えますね。次の世代に伝えることができるからです。

栗山　渋澤さんは、渋沢栄一さんの子孫として背負わなければならないものもあるでしょうから、本当に大変ですね。僕は身軽なものです。ファイターズの監督を辞めればいいので（笑）。

渋澤　いえいえ。監督もとても大変だと思います。選手ってそれぞれ自我がありますよね。それをマネジメントするのはすごく大変だと思うのですが、気を付けてらっしゃることは何ですか？

栗山　選手は一人一人が経営者であり個人事業主ですよね。そんな立場の人間を、思い通りにしよう、などとは考えてないんですよね。所属する選手すべてを一つにまとめることなんて、できないんだとも思っています。ただ、行き先だけは示します。「おれたちはここに向かうぜ」と、その目的地だけは選手に伝えています。「今年は日本一になろうぜ」「好き勝手やっていいけど、ここだけは行こうぜ」って、向く方向だけは同じにすることを徹底していました。

――監督、漫画『ワンピース』の主人公、ルフィみたいです（笑）。

栗山　だから、僕は、年俸3億円の選手も、300万円の選手も同じように接しています。

そこだけは曲げていません、これまでも、これからも。

渋澤　でも成績も全然違ったりする人が、同じモチベーションで同じ方向を向くのは難しいことではないんですか？

栗山　実績があって給料が高くなると、わがままの範囲が広がるんです。結果を出してお金を貰っている選手には、周りが誰も何も言わなくなるパターンが多いんですよ。でも僕は選手に、「お金をたくさん貰うということは、責任を果たさなければならないってことだから。もっと頑張らないといけないんだから。逆だからね！　お金を貰うってことは、みんなが嫌がることをやらなくちゃいけないんだからな」と、はっきり言います。それが渋沢栄一さんが言っていることの原点ですよね。こういう考え方は野球界からは手に入れられない、野球界以外に答えがあると思っているので、僕は『論語と算盤』を通してそれを選手に伝えているだけなんですよ。

渋澤　権利と義務が表裏ということですね。栗山監督の言葉を聞いて、栄一も喜んでいると思います。

渋澤健（しぶさわ・けん）

1961年生まれ。渋沢栄一5代目の子孫。幼い頃、父の転勤で渡米。1983年テキサス大学化学工学部卒業。1987年UCLA大学にてMBAを取得。米系投資銀行で外債、国債、為替、株式などの業務に携わり、1996年に米大手ヘッジファンドに入社。2001年に独立し、シブサワ・アンド・カンパニー株式会社を創業、代表取締役に就任。2007年にコモンズ株式会社を創業し、2008年にコモンズ投信株式会社に改名し、会長に就任。渋沢栄一記念財団理事、経済同友会幹事、日本医療政策機構副代表理事など、その他複数の職務に従事する。著書に『人生100年時代のらくちん投資』（共著・日本経済新聞社、2017年）、『渋沢栄一 100の訓言』（日本経済新聞出版社、2010年）、などがある。

あとがきにかえて

神宮球場のライトスタンドから、私はその人を観ていた。

外野手だったその人の守備範囲の広さは驚異的で、フィールドを駆け抜ける俊足は観客を沸かせていた。

守備だけではなかった。左右の打席を行き来する小柄なスイッチヒッターは、状況によってバッティングを変え、バントのような小技でも長打を狙ってのフルスイングでも、チームに貢献した。何しろプレーが小気味良く、足が速かった。小さな体でスタメンを張る彼が頼もしく、メジャーリーグ最強のスイッチヒッター、ミッキー・マントルと彼を重ね合わせ、声援を送った。

その人の名は、栗山英樹。国立大学からドラフト外で入った異色の選手は俊足を活かして相手投手を翻弄した。外野手としての守備は巧妙で、1989年にゴールデングラブ賞を獲得する。だが、ヤクルト生え抜きの人気選手だった栗山さんは、1990年には数年の活躍を残し、チームから消えていった。

その後、栗山さんはスポーツキャスター、解説者として存在感を示していく。インテリジェンスと行動力を持ち味に、ＭＬＢから高校野球までをリポートし、野球の素晴らしさを言葉に変えていた。

ところが、栗山さんの人生のクライマックスは、半世紀を生きた時に訪れる。21年のスポーツキャスター、取材者の後に、北海道日本ハムファイターズの監督となり、４年目には日本一にまで上り詰めるのである。

大谷翔平選手を二刀流として育て上げメジャーに送った監督であり、球界の未来のホームラン王である清宮幸太郎を育てる監督である栗山さん。彼に監督論を伺うインタビューの機会を経た私は、その時、胸を突かれるような感激を覚えることになった。

栗山さんがチームを創り、若い選手を育て上げるための哲学の根源に、一冊の書があったのだ。その書とは、渋沢栄一の『論語と算盤』だった。

栗山さんは、『論語と算盤』を片時も離さず持ち歩き、暗唱するほどに読んで、ゲームを戦う上での心の支えとしていた。そればかりではない。栗山さんは『論語と算盤』を、人生を豊かに生きるための手引きとしており、大谷翔平選手をはじめ、ファイターズの若手に手渡し、その一冊に記された道徳と人間の真の豊かさを、折に触れ説いたのである。

栗山さんはこう言った。

「コーチの経験もなく、21年現場を離れていた私が突然に監督になった。プロとしてゲームに臨んだなら、そこに迷いなどあってはならない。しかし、自分の進む道がどこにあるのか、今行く道が正しいのか、そうした逡巡は、日々沸き起こります。その私に下を向くことなく、胸を張って、思った道を行けばいいのだと背中を押してくれるのが、渋沢栄一の『論語と算盤』なのです」

私自身、学生時代から何度も読んで、幕臣から明治新政府の役人、その後民間に出てからは企業経営の先駆者となった近代屈指の人物に心から憧れていた。徳川慶喜の家臣にして、新政府の大蔵大臣。500以上の会社の企業に携わり、自らは財閥を否定し、富の独占については、一度も、まったく興味を示さなかった豪傑だ。

私と栗山さんは、渋沢栄一と『論語と算盤』について熱く語り合うことになった。

栗山さんの話を伺いながら、実践された『論語と算盤』の教えを一冊に書き上げたいと思うようになった私は、何度も栗山さんの元を訪れ、栗山英樹の『論語と算盤』論を言葉に変えてもらうのである。それは、渋沢栄一も、野球も大好きで、現役時代の栗山さんのファンであった私にとって至福の時間となった。

渋沢栄一の『論語と算盤』は、江戸から昭和を生きた渋沢が、孔子の残した言葉である

『論語』を教科書に、人格を磨くことと、資本主義を用いて人が幸福になることの重要性、必然性を記した、言わば教育論だ。

希代の経営者がこぞって座右の書としていることからも分かるように、経営哲学、人材育成の古典である。栗山さんは、その古典を「強いチーム」「勝てる選手」を築き上げるための指南書とした。さらに、知性派監督の成せる技は、それだけに留まらない。ファイターズに関わった選手、チームスタッフに及ぶまで、渋沢の教えを伝え、人生の意味や抱くべき幸福の形にまで言及するのだ。

「プロ野球選手になった限りは、勝者にならなければ意味がありません。負ければ、自分の存在価値を失うのです。けれど、人生の道程は、長い。ゲームに負けて存在価値を失う時間より、遥かに長いのです」

具体例を詳らかにして語られる、自己の役割、集団を率いるための考え方、目標を達成するためのモチベーションは、野球や監督を超えて、誰もが共感するはずだ。

栗山さんはファイターズの監督としてありながら、この国の未来にも心を寄せる。

「私は、リーダーや若いビジネスパーソンにこの教えを伝えたい。その教えを皆が知れば、日本の未来は必ず輝くと思います」

ここに伝える栗山さんの『論語と算盤』の教えは、渋沢栄一の普遍的な叡智に、野球というスポーツと、そこに躍動する選手たちの姿を合わせたものだ。

眩《まばゆ》いばかりのスター選手たちと、現役時代からいくつもの試練を乗り越えた清廉な監督との心の交錯は、あまりにも劇的でありながら、特別な例ではないとも感じられる。人が集う場所に起こる普通の出来事が、そこにはあった。

栗山さんが、平易な心で人と向き合い、どんな時にも道徳心を忘れずにあることで、選手たちとの絆は強まっていく。

そんな栗山さんにしか語り得ない「論語と算盤と野球と私」を原稿に綴っていく私は、これまでにない新時代のリーダー論、人材育成論に、胸を躍らせることになるのである。

ゲームを戦うためのマネジメント、選手たちが限界の壁を突破するためのコーチングが、ここにある。そして本書が、悔いを残さない人生のための良き参考書になることを、私は確信している。

2018年3月　小松成美

〔参考文献〕
『論語と算盤』（渋沢栄一・著／角川学芸出版／２００８年）
『渋沢栄一　１００の訓言』（渋澤健・著／日本経済新聞出版社／２０１０年）

栗山英樹
（くりやま・ひでき）

1961年、東京都生まれ。創価高校、東京学芸大学を経て、84年にドラフト外で内野手としてヤクルトスワローズに入団。1年目で一軍デビューを果たすと、スイッチヒッター、外野手に転向した2年目には29試合に出場。86年には107試合、4本塁打、規定打席不足ながら打率3割1厘、88年には3割3分1厘と活躍。はじめて規定打席に到達した89年にはゴールデングラブ賞を獲得。
90年に現役を引退後、野球解説者として活躍する一方、少年野球の普及に努める。2004年から白鷗大学で教壇に立った後、11年より北海道日本ハムファイターズの監督に就任し、チームを2回のリーグ優勝、16年には日本一に導く。21年退任。同年、野球日本代表監督に就任。23年3月22日 WBC で優勝。

小松成美
（こまつ・なるみ）

1962年、横浜市生まれ。広告代理店勤務などを経て、89年より執筆を開始。主題は多岐にわたり、人物ルポルタージュ、スポーツノンフィクション、インタビューなどの作品を発表。著書に『中田英寿 鼓動』『中田英寿 誇り』『YOSHIKI／佳樹』『勘三郎、荒ぶる』『横綱白鵬 試練の山を越えてはるかなる頂へ』『仁左衛門恋し』『全身女優　私たちの森光子』『五郎丸日記』『それってキセキ GReeeeNの物語』『虹色のチョーク』などがある。

協　力　北海道日本ハムファイターズ
　　　　株式会社コルク
撮　影　飯本貴子

育てる力
栗山英樹『論語と算盤』の教え

2018年4月19日　第1刷発行
2023年5月12日　第3刷発行

著者　栗山英樹
構成　小松成美
発行人　蓮見清一
発行所　株式会社 宝島社
〒102-8388　東京都千代田区一番町25番地
(営業)03-3234-4621　(編集)03-3239-0646
https://tkj.jp
印刷・製本　サンケイ総合印刷株式会社

ISBN978-4-8002-8037-4